General Introduction of Highway Operation Monitoring & Management
公路网运行监测与管理概论

组织编写　交通运输部路网监测与应急处置中心
主　　编　李作敏
副 主 编　蔚晓丹　董雷宏　郑宗杰

人民交通出版社股份有限公司
北京

内 容 提 要

目前，我国公路交通发展到"网络化运行"和"在线式服务"的新阶段，本书着重对部省两级公路网运行监测与管理工作进行阐述与指导。

本书共由 7 章组成，全面、系统地论述了公路网运行监测与管理的基本概念、总体框架以及指标体系、业务体系、技术体系等内容，并对"智慧路网"的建设进行了展望。附录收录了全国公路网运行监测与管理政策制度，以及公路网运行监测对象、灾害预警、突发事件等内容。

本书可供从事公路网运行监测与管理的工作人员、相关科研工作者及社会公众阅读参考，并可作为公路网运行监测与管理业务的辅导用书使用。

图书在版编目(CIP)数据

公路网运行监测与管理概论 / 李作敏主编；交通运输部路网监测与应急处置中心组织编写. — 北京：人民交通出版社股份有限公司, 2019.9
 ISBN 978-7-114-16113-1

Ⅰ.①公… Ⅱ.①李… ②交… Ⅲ.①公路网—交通运输管理 Ⅳ.①U491

中国版本图书馆 CIP 数据核字(2019)第 272897 号

Gongluwang Yunxing Jiance yu Guanli Gailun

书　　名：	公路网运行监测与管理概论
著 作 者：	李作敏　蔚晓丹　董雷宏　郑宗杰
责任编辑：	周佳楠　丁　遥
责任校对：	孙国靖　魏佳宁
责任印制：	刘高彤
出版发行：	人民交通出版社股份有限公司
地　　址：	(100011)北京市朝阳区安定门外外馆斜街 3 号
网　　址：	http://www.ccpress.com.cn
销售电话：	(010)59757973
总 经 销：	人民交通出版社股份有限公司发行部
经　　销：	各地新华书店
印　　刷：	中国电影出版社印刷厂
开　　本：	787×1092　1/16
印　　张：	8.75
字　　数：	200 千
版　　次：	2019 年 9 月　第 1 版
印　　次：	2019 年 9 月　第 1 次印刷
书　　号：	ISBN 978-7-114-16113-1
定　　价：	40.00 元

(有印刷、装订质量问题的图书由本公司负责调换)

中国路网丛书编审委员会

主　任：李作敏　孙永红
副主任：孔凡国　王　刚　张志军　王松波
委　员：陈　洁　郑宗杰　蔚晓丹　杨　峰
　　　　周可夫　董雷宏　郝　盛　闻　静
　　　　虞丽云　方　申　陈智宏　王　虎
　　　　江运志　李　剑　梅乐翔　刘　旭
　　　　胡士祥

《公路网运行监测与管理概论》编写组

主　　编：李作敏

副 主 编：蔚晓丹　董雷宏　郑宗杰

编写人员：李国瑞　郝泽鹏　沈孟如　邓　雯

　　　　　高国庆　闫明月　王　剑　赵　亮

　　　　　周　正　毛志君　谢　豪　胡志丰

　　　　　帕丽再娜·尼加提

总 序

新中国成立70年来，公路交通的发展取得了举世瞩目的成绩，全国公路总里程已达484.65万公里，高速公路突破14万公里，昂居世界第一，为国民经济社会发展、全面建成小康社会提供了基础性、先导性和服务性的重要支撑，为建设交通强国、形成高质量立体互联的综合交通网络化格局奠定了坚实的基础。

进入新时代，交通运输事业仍处于基础设施发展、服务水平提高和转型发展的黄金时期。同时，公路交通的"大路网格局"与"网络化运行"特征越发明显，未来一段时间将是我国公路交通体系重构、标准统一、联网联控、智能智慧的重要发展期、机遇期。随着2019年年底全面取消高速公路省界收费站——这一我国交通发展史乃至世界交通发展史上百年难遇的重大里程碑式工程即将实现，中国公路必将开启"一张网"体系下管理与服务的新时代。

新时代开启新征程，新使命谱写新篇章。作为始终秉承"让路网运行更安全畅通、让公众出行更便捷愉快"宗旨的交通运输部路网监测与应急处置中心（以下简称"中心"），自成立之初就以实现公路网"出行效益最优化、运行效率最大化、不安全因素最小化和服务质量最佳化"作为中国路网事业追求的发展目标，努力践行"融合创新、联网保障、协同高效、开放共享、服务至上"的发展理念，积极打造以精准监测为核心、高效处置为关键、出行服务为龙头的智慧路网体系，不断提升路网管理能力和服务水平，为建设具有中国特色、世界一流的现代化、智能化的路网指挥中心而奋斗。

诚然，作为一项新事业、一个新领域，从概念诞生到懵懂前行再到蓬勃发展，公路网管理与服务经历了从抽象到具体、由理论到实践的逐步发展过程。这段宝贵的经验值得我们去珍惜、去总结、去借鉴。为此，中心倾全员之力、多年之功，编撰了由6本专著组成的"中国路网丛书"。丛书立足于公路"一张网"时代运行特征与现状，着眼于智慧中国路网技术发展最前沿，从公路网运行管理基本概念、基本理论入手，全面深入地介绍了路网监测、应急处置、出行服务、联网收费、造价管理等领域系统性、前瞻性的研究成果，以及以"云网融合"为代表的新一代智慧路网技术新理论、新架构、新体系。

"中国路网丛书"是国内首部综合介绍公路运行管理与服务体系的优秀著作。编撰过程周密严谨、内容完整翔实，注重业务实践及新技术应用，可以有效引领"智慧中国路网"建设健康、可持续发展。希望"中国路网丛书"能够成为从事公路网管理与服务工作行业同仁、专家学者以及广大读者的良师益友和参考工具，促中国路网事业发展蒸蒸日上，为实现交通强国伟大战略作出更大贡献！

"中国路网丛书"编审委员会
2019 年 9 月

前言

进入新时代，面对新形势新要求，我国公路交通发展正由追求路网扩张速度与规模，向更加注重提升运行效率与服务质量水平转变；正由单一路段、跨区通道"线状运行"的相对独立发展模式，向更加注重"网络化运行"和"在线式服务"的一体化融合新模式转变；正由依靠传统要素驱动，向更加注重运用"互联网+""智慧化"等技术创新驱动转变。更为重要的是，公众对公路出行品质的需求也由"走得了、走得通"向"走得安全、走得便捷、走得舒适、走得智慧"转变。与此同时，随着公路网监测与管理职能不断强化，在体制机制建设、监测体系打造、突发事件应急处置、区域路网重点保障和"融媒体"信息服务等方面，我国公路交通取得了新进展、新突破和新成效，也为公路网运行监测与管理工作创造了新局面，开启了新篇章。

积跬步而致千里。公路网运行监测与管理从概念诞生到纳入业务范畴，直至成为政府部门法定职责不过十余年时间，现在已然变成行业管理与服务的新型业务体系。在肯定其良好发展态势的同时，我们也清醒地看到，公路网运行监测与管理尚存在诸多系统性、结构性问题：公路"网络化"管理思维尚未稳固确立；相关政策法规与顶层设计缺乏强力支撑；配套标准规范缺失；技术与装备支撑体系有待突破；创新路网大数据应用仍需深度挖掘与实践；"智慧路网"规划建设与探索应用刚刚起步等。鉴于此，为了解决上述问题，进一步为公路网运行监测与管理的业务实践与技术发展提供借鉴参考，交通运输部路网监测与应急处置中心在总结行业经验的基础上，精心编写了《公路网运行监测与管理概论》一书，围绕公路网运行监测与管理部门职责使命，结合交通运输发展特征和"互联网+"时代路网管理的深刻变革，以实现"自动化监测、数字化管理、协同化运行、智能化服务"为目标，对公路网运行监测与管理工作进行全面阐述。

本书共由七章组成，全面、系统地论述了公路网运行监测与管理的基本概念、总体框架以及指标体系、业务体系、技术体系等内容。第一章重点剖析现状与问题，提出目标与方向。第二章主要论述公路网运行监测与管理的基本概念，包括核心定义、内涵外延、层级内容以及职责边界等。第三章为总体框架描述，涵盖总体框架设计以及业务功能、逻辑关系、系统技术、数据架构等内容。第四章提出了公路网运行状态评价指标体系与测算方法。第五章、第六章分别围绕公路网运行监测与管理的各项业务工作与技术支撑项目进行系统介绍。第七章则面向"交通强国"建设,提供"智慧路网"建设思路与发展理念。

本书在编写过程中,得到了交通运输部公路局的指导,北京交通大学、长安大学等高校也提供了诸多支持和帮助,在此表示感谢。同时,人民交通出版社股份有限公司为本书顺利出版做了大量工作,在此一并致谢。鉴于作者理论水平与实践经验有限,书中难免存在不足之处,敬请广大读者批评指正。

本书编写组
2019 年 9 月

目录

第一章 概述 ... 001
第一节 现状与态势 ... 002
第二节 问题与需求 ... 005
第三节 目标与方向 ... 007

第二章 公路网运行监测与管理基本概念 ... 009
第一节 基本理论框架 ... 010
第二节 核心定义 ... 011
第三节 内涵与外延 ... 011
第四节 目标与对象 ... 013
第五节 层级与内容 ... 013
第六节 业务与边界 ... 016
第七节 职责与定位 ... 018
第八节 制度与机制框架 ... 020

第三章 公路网运行监测与管理总体框架 ... 023
第一节 总体框架设计 ... 024
第二节 业务与功能框架 ... 025
第三节 逻辑与关系框架 ... 026
第四节 系统与技术框架 ... 027
第五节 数据架构体系设计 ... 028

第四章 公路网运行状态评价指标体系 ... 031
第一节 指标体系构建思路 ... 032
第二节 指标体系层级架构 ... 033
第三节 路段级评价单项指数测算 ... 034
第四节 路网级综合评价指数的测算 ... 041

| 第五节 | 路网综合评价指数的等级划分 | 044 |
| 第六节 | 2018年全国公路网运行状态综合评价(示例) | 044 |

第五章 公路网运行监测与管理业务体系 051
- 第一节 公路技术状况监测(检测)与评定 052
- 第二节 公路网运行监测与预警 055
- 第三节 公路突发事件应急处置与协调 063
- 第四节 公路交通出行服务 072

第六章 公路网运行监测与管理技术体系 077
- 第一节 公路网运行状态多维感知技术 078
- 第二节 公路网交通流状态研判与预测技术 085
- 第三节 公路网联动与协同运行控制技术 092
- 第四节 公路网运行云控平台构建技术 098
- 第五节 车路协同与自动驾驶辅助技术 104
- 第六节 公路网运行监测与管理平台建设(示例) 107

第七章 面向交通强国的"智慧路网"发展展望 113
- 第一节 "智慧路网"的发展愿景 114
- 第二节 "智慧路网"的发展战略 115
- 第三节 "智慧路网"的实施路径 116
- 第四节 "智慧路网"的五大任务 116

附件 119

参考文献 127

第一章
概述

交通运输是国民经济中的基础性、先导性、战略性产业，是重要的服务性行业。党的十八大以来，在以习近平同志为核心的党中央坚强领导下，交通运输行业正以前所未有的气魄，按照"五位一体"总体布局和"四个全面"战略布局，坚持以供给侧结构改革为主线，全力推进行业治理体系和治理能力现代化建设，努力当好国民经济和社会发展先行官，开创交通运输改革发展新局面。

公路交通作为交通运输体系的重要组成部分，具有较高的网络连通性、可达性和机动性，承载全国80%以上的货运量、90%以上的客运量，全面支撑国民经济与社会发展，为人民群众生产生活提供点到点、门到门的出行服务。改革开放以来，我国公路交通事业特别是高速公路取得了举世瞩目的成就，为全面建成小康社会发挥了关键性支撑作用，更为建设交通强国，形成高质量、立体互联的网络化格局奠定了坚实基础。随着我国大规模公路网逐步建成，公路行业发展重心也由追求路网规模扩张，转向提升路网运行效率与服务质量水平；公路交通也已从单一路段、跨区通道的"线状运行"模式逐步发展到"网络化运行"和"在线式服务"模式；公众对公路出行的品质要求也从"走得了、走得安全"发展到"走得便捷、走得舒适、走得智慧"。

第一节 现状与态势

近年来，我国干线公路网总体运行成效与安全畅通水平提升到新高度。截至2018年底，全国公路总里程达484.65万km，高速公路里程达14.26万km。经统计测算，2018年全国干线公路年平均日断面交通量为14569pcu/d，同比[①]增长0.8%；其中，全国高速公路日平均断面交通量为27395辆，日平均行驶量为155686万车公里，同比分别增长4.1%、4.8%。全国高速公路收费站出口流量为970896万辆次，同比增长7.91%。全国干线公路网拥挤度[②]为16.7%，同比下降1.3个百分点，高速公路网和普通国道网的拥挤度分别为10.4%和19.1%。

与此同时，随着公路网监测与管理职能不断强化，在建设"纵向贯通、横向衔接、责权清晰、高效协同"的体制机制，全方位打造"可视、可测、可控、可服务"的监测体系，突出强化重大公路突发事件应急处置和区域路网重点保障，以及面向公众出行提供一体化、立体化的"融媒体"信息服务等方面，我国公路建设取得了大量可喜成绩。特别是自2014年以来的"全国电子不停车收费系统(Electronic Toll Collection, ETC)联网""营改增"及"差异化收费""取消省界收费站"等一系列持续、递进的"一张网"运营体系重构与重大行业政策举措落实，使得公路网运行监测与管理工作取得了高度关注，行业地位不断提升。目前，公路网运行监测与管理工作已呈欣欣向荣、乘势而上的大好局面，主要态势与发展现状体现在如下8个方面：

---

① 同比：为统一口径进行对比分析，有关公路交通流量数据的同期比较均按可比口径计算。

② 路网拥挤度是路网中处于中度拥堵和严重拥堵状态的路段里程占路网总里程的百分比。路网拥挤度划分标准为：<11%为畅通，[11%,19%)为基本畅通，[19%,28%)为轻度拥堵，[28%,36%)为中度拥堵，≥36%为严重拥堵。

(1) 公路网运行监测和管理支出责任得到明确。

根据国务院办公厅印发的《交通运输领域中央与地方财政事权和支出责任划分改革方案》(国办发〔2019〕33号)(简称《方案》),在国道方面,由中央承担国道(包括国家高速公路和普通国道)的宏观管理、专项规划、政策制定、监督评价、路网运行监测和协调,国家高速公路中由中央负责部分的建设和管理,普通国道中由中央负责部分的建设、管理和养护等职责。国家公路网运行监测与协调管理的责任十分明确,中央和地方要分别承担统筹与具体执行责任。

(2) 各级公路网监测与管理体制与职能得到强化。

交通运输部在经过2009年、2013年两次大部制改革后,明确将"负责国家公路网运行监测和应急处置协调工作"作为交通运输部职责,并使其进一步强化,部省联动、衔接贯通的路网运行管理体制机制也正在逐步形成。在此背景下,全国性公路网监测与管理机构——交通运输部路网监测与应急处置中心(简称部路网中心)。截至目前,全国已有15个省(自治区、直辖市)组建了省级路网中心机构,部分省(自治区、直辖市)经过机构改革也进一步强化了公路网运行监测、应急处置及出行服务,以及跨区域、跨部门公路网运行协同管理与联网调度职能。

(3) 公路网监测与管理制度标准体系建设取得新突破。

以《中华人民共和国公路法》《公路安全保护条例》《收费公路管理条例》为上位法,公路网监测与管理领域近年来先后编制(修订)出台《公路交通突发事件应急预案》《公路交通阻断信息报送制度》等具体制度规范。特别是具有公路网运行监测与管理领域的上位法之称的《公路网运行管理办法》已开始编制,预计于2019年底正式印发实施,有望改变公路网运行监测与管理"无法可依"的状态。此外,以修订《公路网运行监测与服务暂行技术要求》为代表,公路网运行监测、应急处置、出行服务、联网收费等一系列相关行业标准,以及一批引领公路网运行监测与管理新技术、新装备的团体标准也正在同步推进中。

(4) 智能立体公路网运行感知体系建设初见成效。

近年来,基于物联网的路网运行感知体系发展势头良好,路网运行"千里眼、顺风耳"监测能力不断提升,移动监测车、智能单兵及无人机等新技术、新装备广泛应用,全国干线公路网监测体系"可视、可测、可控、可服务"程度达到新高度。其中,高速公路视频监测设施已达21万套(综合覆盖率超过70%),交通流监测设施达2万套,气象监测设施也部署近3500套,公路特大桥梁、长大隧道及服务区、收费站监测实现全覆盖、全联网。此外,传统监测技术与"互联网+"感知技术之间也开始出现数据共享、交互补充、指标融合等现象。例如,基于移动位置基站系统(Location Based Service,LBS)卫星定位、手机信令等数据开展的拥堵研判与预测方法在行业内得到深入应用。

(5) 公路应急处置与区域路网协同保障能力不断提高。

近年来,随着《公路交通突发事件应急预案》修订发布,国家区域公路应急装备物资储备中心建设步伐加快,以及重大活动区域路网协同保障工作取得突破性进展,部省两级路网中心在高效处置公路突发事件与高效保障重大社会活动等方面取得丰富经验。特别是在应对2016年年初南方罕见"霸王级"寒潮、四川芦山7.0级地震和九寨沟7.0级地震,以及多起强台风登陆、严重山体滑坡等重大公路突发事件中,部省两级路网中心已协同形成一套实时监测预警、在线信息传送、事件精准研判以及远程协调调度的处置流程与应急方法,在服务部省公路应急响应与指挥方面发挥了"后方的前线"关键作用。此外,在服务保障国家重大活动方面,近年来先后圆满完成了 G20 杭州峰会、金砖厦门峰会、上合青岛峰会等重大活动区域路网安全保障工作,并探索形成了一套"部省联动、区域协同、联网联控"的工作机制,为确保重要时期、重点区域公路网安全稳定运行提供了有效支撑。

(6)公路出行信息服务"融媒体"模式不断创新。

随着公路信息服务从"外包"模式全面走向"众包"服务模式,可变信息标志板、广播电视、热线电话等传统信息发布终端开始主动搭载"互联网+"技术,逐步实现"融媒体"一体化发布。通过与互联网信息服务商全面合作,尝试开展定制化、伴随式的信息服务功能,并使其成为公众获取实时路况信息的重要工具。据初步统计,全国公路行业已累计开通公路出行客服电话号码 103 个(含 ETC 服务电话,包括 31 个交通运输服务监督热线"12328"),出行服务网站(页)150 余个,微博、微信公众号 300 余个,各类手机 App(应用软件,Application)超过 100 个,系统日活跃用户已超过千万人次。2017 年,由交通运输部与中央人民广播电台联合打造的国家级交通广播栏目"中国交通广播"(原为"高速公路广播")全面升级并正式开播;由交通运输部路网中心提议的"中国公路出行信息服务联盟"正式成立,聚集了行业内外 100 余家企事业单位。

(7)高速公路 ETC 联网收费服务发展取得"质的飞跃"。

截至 2018 年底,全国共建成 ETC 专用车道 19674 条;主线收费站 ETC 车道覆盖率为 98.9%,匝道收费站 ETC 车道覆盖率为 97.0%。全国 ETC 用户共计 7655.7 万,约占汽车保有量的 32%(至 2019 年 7 月底,全国 ETC 用户已突破 1 亿,预计至 2019 年底将突破 1.8 亿),全国 ETC 总交易量达到 107.98 亿笔,总交易额 5327.43 亿元,非现金交易量达到 41.71 亿笔、交易额 2414.02 亿元。更为可喜的是,经过我国科研技术与应用管理人员十余年的不懈努力,基于专用短程通信(Dedicated Short Range Communication,DSRC)技术的 ETC 为 2019 年取消高速公路省界收费站及建设 ETC 主线自由流收费任务提供了重要支撑。在取消高速公路省界收费站后,预计 ETC 联网应用将实现飞跃式增长。此外,ETC 作为车路协同、车路通信的重要载体,停车场 ETC、货车 ETC 等拓展应用蓬勃发展,通过手机 App 实现 ETC 在线办卡、网上充值、业务咨询、缴费查询等功能已成为基本服务。而手机扫码(支付宝或微信)等移动支付高速公路通行费服务顺应了不同用户的支付习惯,为高速公路联网收费 ETC 提供了有力补充。

(8)部省两级路网平台及大数据应用分析初步实现。

目前,全国各省(自治区、直辖市)公路网运行监测与管理系统初步建成,基本完成省域层面路网监测数据全面汇聚,建成并应用了省域公路网"一图、一库、一平台"系统。随着路网运行海量数据资源的丰富与积累,以及跨部门、跨区域数据交换共享机制的建立,为利用大数据技术开展路网状态指标分析、突发事件应急决策等业务提供了重要支撑,特别是在视频图形识别、视频事件分析、交通流预测以及收费数据挖掘等方面,逐渐形成了大量业务应用成果。2018 年,交通运输部正式批复建设"全国公路网运行监测与服务平台"。该平台以打造"一二一"(即"一个全路网数据资源与分析中心、一个全路网综合管控与应用平台,以及部省联网联控与业务协同的两项核心功能")工程为目标,全面实现全国公路网运行数据融合与联网应用,部省两级公路网运行管理业务协同与智能管控目标,为"智慧路网"建设提供云控平台数据资源与综合应用支撑。

第二节 问题与需求

"公路网运行监测与管理"从业务概念产生、纳入行业管理范畴，到作为政府部门法定职责不过十余年发展历程。2009年交通运输部第一次"大部制"改革时，"负责国家高速公路及重点干线路网运行监测和协调"首次被写入职责；2013年第二次"大部制"改革时，"负责国家公路网运行监测和应急处置协调工作"再次被明确纳入职责并得到进一步强化。在此背景下，全国公路网运行监测与管理工作开始蓬勃发展，部省两级路网中心机构应运而生。但是，作为行业发展的新型业态与管理体系，受公路行业传统的"重建设、轻养管"思想，以及"以路段为主、属地化管理"模式的长期影响，公路网运行监测与管理工作尚有许多系统性、结构性问题需要认真研究与解决。主要问题与需求体现在下列七个方面：

（1）公路"网络化"管理思维尚未稳固确立。

随着一张布局合理、层次分明、干支协调、衔接顺畅的公路基础设施网络的形成，构建全国公路"一张网"工作新格局的条件已经基本成熟，但受事权与支出责任不相适应、管理主体分散多元、管理模式不统一等多方面因素影响，公路行业的"网络化"思维尚未稳固确立。例如：在公路偶发性的阻断事件发生时（如省界收费站路段封闭等），往往因"网络化"管理手段不到位，导致局部路段长时间拥堵，甚至造成网络瘫痪。此外，大量公路信息化基础设施资源、通信网络平台及业务应用系统等长期处于封闭或半封闭式状态，网络化、在线化应用严重不足，导致数据资源从源头与系统脱节、与用户服务脱节。因此，迫切需要应用"网络化"思维创新技术体系。

（2）相关政策法规与顶层设计仍然缺乏强力支撑。

公路网运行监测与管理工作最薄弱环节当属政策法规与顶层设计的缺失。无论是《中华人民共和国公路法》，还是《收费公路管理条例》《公路安全保护条例》等行业法规，在公路网运行监测与管理的业务内涵、管理要素及方式方法等方面尚未形成系统性、规范性要求，加之"纵向贯通、横向衔接、责权清晰、高效协同"的体制机制尚未全面建成，是造成当前业务定位不清、管理事权不明确、履职风险责任大等问题的重要原因。同时，公路行业长期形成以资产、属地为主体的管理体制，高速公路与普通公路相对独立的"二元"架构以及"建管养运"机构分设，使得跨部门、跨区域协调联动机制存在落实难问题；而以"部门信息化"为主导的建设模式导致大量"烟囱"与"孤岛"系统频现，造成行业资源与应用系统被分割在各个环节和机构，集成平台与大数据应用无法突破既有体制机制障碍。

（3）相关标准规范严重缺失与执行效果差并存。

纵观公路网运行监测与管理领域相关技术标准，既有公路机电设施、系统建设管理标准已初成体系，但从细化指标与功能适应性看，符合公路网运行管理与服务功能的技术标准仍然存在内容缺失或指标要求较低的情况，无法满足"一张网"体系下路网运行监测、应急与服务的技术需求。此外，既有标准规范的执行力度、执行效果总体一般，甚至存在严重"打折扣"的情况。例如，从行业摸排的高速公路视频监测设施技术情况看，部分地区对视频设施布设数量、密度及功能仅达到有关标准的最低指标要求。可以说，标准规范的落实执行与标准化工作依然任重道远。

（4）公路网监测与管理技术体系有待突破创新。

当前，公路网云监测体系规模和质量仍存在总体规模偏小、地区类型分布不均、系统联网水平不高、智能功能开发不足、标准规范不完善、运维情况参差不齐等突出问题。更为紧迫的是，相关技术理论基础、系统体系架构大多源自20世纪七八十年代，在进入"互联网＋"时代后，随着大量新技术、新设备、新资源的出现，行业在多年积累信息化基础条件与发挥技术优势方面产生了瓶颈，现有设施设备获取的信息资源和感知结果无法全面支撑全网、全时、全天候的路网运行状态评价需求，且与互联网技术存在严重脱节现象。因此，迫切需要重新建立一套能够支撑"互联网＋路网"技术融合发展的新理论、新架构、新体系，彻底解决技术瓶颈问题，并引领其健康、可持续发展。

（5）公路网运行大数据应用仍需深度挖掘与实践。

公路网作为承载"人、车、货、信息"的重要载体，其汇集的交通行为要素、信息数据资源与出行服务需求均是大数据集成应用的重点领域，而实现车路协同与智慧出行也离不开公路网综合大数据应用。当前，公路网数据的分割、分散、分储是实现从"数据大"到"大数据"的主要障碍，尽管只在部分省级层面实现了路网数据汇集与集中展示，但主要的应用集中在指标计算、统计分析与可视化展示等方面，或是收费打逃等专项应用。在公路网运行管理业务"云"应用层面，如养护工程、路政执法、监测应急、出行服务等领域的大数据集成应用整体尚处于初级阶段，行业大量感知与发布终端设施无法与"云"实现自适应接入，行业"私有云"也未与互联网的"公共云"实现安全对接与全面互联互通。

（6）"智慧路网"规划建设与探索应用尚处于起步阶段。

随着新一代智能交通、人工智能等技术已开始聚焦在路网运行监测、应急处置与出行服务领域的创新应用，建成以精准泛在的路网感知网络、和谐有序的车路协同体系为基础的"智慧路网"，实现自动辅助驾驶、车路协同联网与智慧运输物流等目标，已成为交通强国发展的重要标志。为此，交通运输部已在北京等九省（自治区、直辖市）加快推进新一代国家交通控制网和"智慧路网"试点工作，指导示范地区充分利用北斗高精度定位、物联网、大数据、人工智能、智能驾驶、车路协同等技术加强信息资源互联互通和共建共享，提升区域协同治理和出行服务智能化水平。但是，我们也必须清醒地认识到，尽管"智慧路网"在行业内大热，以智慧基础设施、智慧感知体系、智慧运行管理、智慧服务系统与智慧决策支持为一体的"智慧路网"，其核心技术与应用场景尚不成熟，整体上仍处于技术探索与示范建设的起步阶段。

（7）公路网运行监测与管理网络安全形势依然严峻。

习近平总书记指出，金融、能源、电力、通信、交通等领域的关键信息基础设施是经济社会运行的神经中枢，是网络安全的重中之重，也是可能遭到重点攻击的目标。公路网是信息网，更应是安全网。公路行业在网络安全方面起步晚、投入力量较少、系统复杂且缺乏统筹协调，高效统一的网络安全风险机制、情报共享机制、研判处置机制尚未建立，网络安全威胁和风险日益突出。"过分强调安全，忽视发展"与"只要发展，不管安全"两种没有正确处理安全和发展关系的情况在不同程度上出现。因此,亟须通过树立正确的网络安全观,加快构建关键信息基础设施安全保障体系,增强网络安全防御能力和威慑能力,确保体系安全。

第三节 目标与方向

公路网作为国家经济社会发展重要命脉,其安全、便捷和畅通运行直接影响经济社会运行效率,既往"以建设为导向"的发展和管理模式必将逐步被"以服务为导向"的运行管理所取代,迫切需要公路网运行监测与管理工作肩负起"提高路网运行效率、保障路网安全畅通、服务百姓便捷出行"的重要使命。

(1)提高路网运行效率。

让有限的路网资源得到最大限度的利用,使路网的通行能力、服务水平和综合效率达到最优。

(2)保障路网安全畅通。

及时、准确地发现、消除各类公路安全隐患,快速、高效、科学地应对各类公路突发事件,使其产生的负面影响降到最低。

(3)服务百姓便捷出行。

为公路客、货运输提供更全面、更及时、更精准的出行信息服务,消除出行者与管理部门之间的信息不对称,使公路交通对增进人民福祉的贡献达到新境界。

围绕公路网运行监测与管理部门职责使命,结合交通运输发展特征和"互联网+"时代路网管理的深刻变革,公路网监测体系的"十三五"发展目标为"基本实现公路网自动化监测、数字化管理、协同化运行、智能化服务"。

(1)自动化监测。

利用各类监测终端与社会化资源,实现公路网重要路段和长大桥隧技术状况、运行状态、周边环境等要素的动态监测及预测预警。国家公路网重要路段和长大桥隧自动化监测全覆盖。基本实现面向国家公路网及重要运输通道的运行状态预测预警自动化监测。

(2)数字化管理。

全面实现路网资产、承载对象、管理资源等要素的数字化。路网运行基本要素信息在部省两级主管部门实现100%汇聚。部省两级公路网监测数据库基本建成,公路网监测、应急管理、出行服务等核心业务应用系统基本实现全覆盖,部省间应用系统实现互联互通、多级联动与共享服务。

(3)协同化运行。

推动养护、路政、运政、交警等一路多方联合巡查,实现跨区域、跨层级、跨部门的协同运行、联动处置、协同处理。建立全行业规范有序、高效协同的业务运行机制,基本建立公路网监测、应急管理、出行服务等核心业务在各级主管部门的运行规则。

(4)智能化服务。

基本形成具备普遍化覆盖、精准化定位、个性化定制、多样化提供、人文化感受等特征的路网运行信息开放共享与政企合作机制,推进公路网运行数据与信息资源共享共用。以电视广播、服务热线、网络媒体、移动客户端、可变信息标志板、服务区终端等技术手段为主,全面提升国家高速公路、国省干线公路信息服务覆盖率。

第二章

公路网运行监测与管理基本概念

公路网运行监测与管理概念不是突然冒出来的,而是公路交通进入"网络化运行"时代后,其核心业务发生的关键性转变,是综合交通运输体系下公路"一张网"管理改革创新的重要方面,是智慧交通领域与公路信息化建设的重要环节,是确保公路网运行安全畅通和出行服务高效便捷的本质要求。

第一节　基本理论框架

公路网运行监测与管理理论框架主要由四层级组成:第一层理论支撑层、第二层方法层、第三层目标层、第四层定义层,具体如图 2-1 所示。

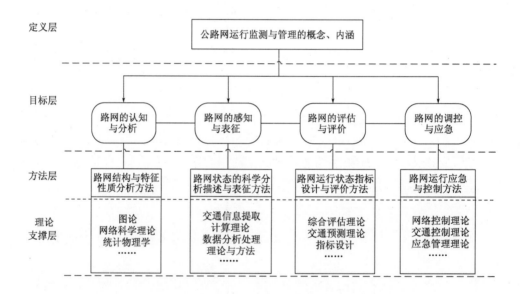

图 2-1　公路网运行监测与管理理论体系

(1)定义层:定义层是对公路网运行监测与管理的概念解析,是问题研究的出发点,是贯穿概念研究的主线,其内容向下渗透至每一层。

(2)目标层:围绕基本概念、内涵,目标层将公路网运行监测与管理各环节的基本目标予以确定。该层是公路网运行监测与管理的关键步骤和核心环节。

(3)方法层:根据目标层设定的任务和需求,方法层提供实现的主要方法和技术途径,该方法和技术途径须通过提取技术与模型论证进行实践总结。

(4)理论支撑层:服务于方法层的理论支撑与理论依据。目标与方法的变化直接对理论支撑层提出更高要求,并使其内容不断延伸扩展。

公路网运行监测与管理理论框架中各层级之间均具有相互作用的耦合关系,且互为应用和支撑。

第二节 核心定义

公路网运行监测与管理利用现代信息技术实现在对公路网基础设施、交通运行、周边环境的基本状况、异常情况、潜在趋势等开展监测预测、研判分析、评估总结的基础上，在一定条件下提供必要的出行服务与应急保障，确保公路网的安全、稳定与可靠运行。因此，公路网运行监测与管理概念集合了职能部门工作、管理对象的内涵以及公路服务的本质，可从以下三个角度诠释定义：

（1）从职能定位去定义。

公路网运行监测与管理工作是依据法规或由政府授权，公路（路网）管理部门充分利用信息技术、设施装备与系统平台，对公路网大范围联网运行开展监测预警、应急指挥、调度处置、出行服务（包括收费等服务）的统筹运行管理，实现全路网跨区域、跨部门信息共享、业务协同与系统联网的监管与服务目标，为全路网出行用户（人、车、货）提供全过程安全、便捷、智慧的高质量出行服务的业务总称。

（2）从管理内涵去诠释。

公路网作为承载"人、车、货、信息"的重要载体，汇集的交通行为要素、运行环境情况、出行信息资源是路网运行管理的重点领域，在技术迭代和应用升级中突破行业既有技术瓶颈，统筹、承载好路网资产、承载对象、管理资源和服务要素的平衡运行，以实现路网运行整体效益最优化、运行效率最大化、不安全因素最小化和服务质量最佳化的终极目标。

（3）从服务本质去理解。

"出行即服务（Mobility as a Service，MaaS）"指在深刻理解公众出行需求基础上，面向出行过程并将其整合在统一的服务体系与平台中，从而充分利用大数据与决策，调配最优资源，满足出行需求的大交通生态。实现路网"出行即服务"，必须从整个网络系统层面进行优化，对接全过程、无缝衔接的信息网络平台，为出行者提供灵活、高效、以人为本的公路出行服务。

第三节 内涵与外延

"人、车、路、环境、信息"是公路网运行的核心要素，实现公路网运行整体效益最优化、运行效率最大化、不安全因素最小化和服务质量最佳化是公路网运行监测与管理的终极目标。其内涵与外延是在实现公路网运行监测与管理业务、系统、数据充分联网基础上，发挥核心业务的"中枢"功能，有效解决公路网运行中跨区域、跨部门、跨领域等跨界协同问题，并对公路养护、路政、经营、安全等工作起到支撑作用，最终满足路网使用者（人、车、货）的全方位、立体化"服务"需求。信息流作为公路网运行监测与管理内涵的载体，是实现公路网运行核心要素目标要求的关键（图2-2），主要体现在以下五个方面。

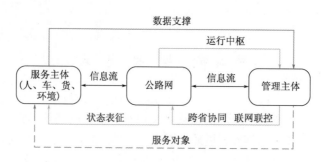

图 2-2 公路网运行监测与管理内涵示意

（1）体现了公路"一张网"运行的核心需求。

近年来，我国高速公路和干线公路网的网络化运行已具有典型的层次性、统一性、均衡性等特点，特别是高速公路的跨区域网络化连接、一体化运行，高速公路是经济社会发展和人员物资流动的大动脉，传统属地化分割式管理模式显然已不适用，作为公路网运行监测与管理核心内涵之一的"业务、系统与信息的大联网"是发展方向。目前，我国高速公路联网收费管理已全面进入全网一体化的 ETC 主线自由流时代。下一步是建立全网统筹实时监测体系，全面实现路网资产、承载对象、管理资源要素的数字化、智能化，建立健全跨区域、跨部门的信息共享与交换机制，加强路网核心业务系统建设和应用，从而实现全国大范围路网监测预警、指挥调度、出行服务、应急处置的联网运行。

（2）体现了路网运行工作未来的"中枢"地位。

纵观各类交通运输方式，无不以"中枢指挥系统"（例如民航空管、铁路指调、公交调度等）作为运输方式的核心环节，统筹调度交通运输设施装备与运行要素。长期以来，以建设为导向、养护为主体的公路管理工作，突出强化的是保护公路基础设施处于良好技术状态且不被非法破坏，并能够及时抢通保通。随着对公路交通出行更为密切的监测、应急与服务业务重心的提升，作为统筹公路"一张网"运行的核心业务，公路网运行监测与管理的"中枢"地位也将越发凸显。

（3）体现了公路网运行跨界协同的业务特征。

确保承载对象安全、便捷、舒适，并实现公路网与"人、车、环境"之间的和谐有序和高效协同，是公路网运行监测与管理的本质属性。但是，在"人、车、路、环境"之间，"涉路""涉车（人）""涉环境"的管理部门与环节较多，公路管理部门（含高速公路经营单位）和公安交通管理部门（所谓"一路三方"）在管理目标、对象和方式上存在差异，且缺乏统一指挥机构，无法有效发挥协同管控作用。因此，开展跨区域、跨部门的公路网运行指挥调度、应急处置和信息服务凸显了"跨界"特征。

（4）体现了综合保障公路网运行的支撑作用。

公路网运行的中枢功能不仅体现在对各项业务的主导作用，更体现在对业务外延的支撑保障作用上。传统的公路养护、路政、监控、收费、救援等业务在过去经常处于"各自为政"状态，当发生重大突发事件，需要统筹配合、协同应对时，分散的各部门业务力量、管理资源与系统平台，需要统一、高效、协同的支撑平台提供全方位、智能化的监测感知、研判分析、指挥调度、决策支持与信息传递功能。

(5) 体现了公路出行服务外延的本质要求。

"知其然、不知其所以然"的信息不对称性,不仅影响服务质量与效果,更直接影响公路网运行效率与服务能力,也是公路网监测与管理需要解决的重要外延问题。实现公路网运行实时化诱导、智能化管控、高效化应急、系统化保障,需要彻底改变技术手段落后、管理碎片化严重、服务不均等化等问题。公路网运行监测与管理实现出行服务力度、幅度与深度的全面提升,体现了公路网运行服务的最高要求与核心理念。

第四节 目标与对象

公路网运行以提供高效、便捷、安全出行服务为最高目标,其管理与服务的直接对象不仅是公路基础设施与设备,而是围绕"人、车、路和环境、信息"等活生生的综合要素,包括"川流不息的人车""变幻莫测的天气""突然发生的事件""及时送达的货物"以及"时刻变化的信息"在内的全天候、全过程的管理与服务。例如:在运行监测方面,实现对路网运行状态的实时感知及发展态势的准确预判;在预警应急方面,形成协同联动响应机制、高效决策支持平台,以及立体闭环应急体系;在出行服务方面,提供立体化、伴随式出行服务供给,实现全程可达、全时提供、全网覆盖的信息服务。具体公路网运行监测对象与管理要素详见附表 A。

第五节 层级与内容

长期以来,我国公路管理层级架构按照属地化设置管理层级并组织实施。国道网(包括国家高速公路网、普通国道网)的管理事权与层级并不清晰,高速公路管理主体多元、管理模式复杂多变,资产单元分割了高速公路网络化管理;普通国道存在"条条、条块、块块"等地方管理层级。伴随着公路网络化运行特征愈发明显,以往缺乏"网"的协调管理机制、联网联控机制及交互共享机制,造成路网单元分隔式管理,严重影响路网规模效益和综合效率的发挥。

1. 既往公路网运行监测与管理情况

对于部、省两级路网运行管理的架构设计,在交通运输部路网中心成立前后,交通运输部有关文件曾经有过系统性描述和要求,提出了基本原则与思路。例如,2009 年交通运输部印发的《全国公路网管理与应急处置平台建设指导意见》中明确指出"推动部省两级'网络完善、监管到位、协调联动、响应迅速、处置有效'的路网管理平台体系的形成和发展,全面提高公路网运行监管和服务水平,以及应对突发事件的处置能力,为人民群众安全便捷出行提供保障"。2012 年交通运输部印发的《公路网运行监测与服务暂行技术要求》中明确提出"部、省级路网中心应建立健全工作制度,明确值班接警、信息处理、路网监测、调度指挥、预测预警、应急处置、出行服务等不同岗位的工作职责,配备相应的工作人员,确保公路网运行监测与服务工作有序开展。"2017年交通运输部修订发布的《公路交通突发事件应急预案》中,明确指出"要建立健全分级响应、条块结合、属地管理、上下联动的应急管理体制"。特别指出,交通运输部在2016年印发的《"十三五"全国公路养护管理纲要》中,明确提出要"建立全行业纵向贯通、横向衔接、责权清晰的路网运行管理体制,不断加强跨区域、跨部门的路网协调联动机制,加快公路网监测体系建设,充分利用行业内外监测资源,实现部对省级、省级对市县各类路网监测数据的统一接入与按需调用;加快路网运行态势研判与辅助决策能力建设,为交通运输经济运行分析、路网规划、养护管理、应急管理、公共服务等业务提供数据支撑;全面推进部省两级公路网监测管理与服务平台建设,并实现全国联网。"

2. 公路网运行监测与管理原则要求

根据建立公路事权与支出责任相适应的制度原则,以及国务院办公厅印发的《交通运输领域中央与地方财政事权和支出责任划分改革方案》(国办发〔2019〕33号),自2020年1月1日起,在国道方面,由中央承担国道(包括国家高速公路和普通国道)的宏观管理、专项规划、政策制定、监督评价、路网运行监测和协调,国家高速公路中由中央负责部分的建设和管理,普通国道中由中央负责部分的建设、管理和养护等职责。

3. "两层四级"管理层级架构设计思路

在中央和地方事权改革的宏观背景下,按照"国道国管"总基调对部省两级路网运行监测与管理业务层级和内容开展顶层设计,基本定位为中央(部)和地方(省、市、县)"两级四层"的管理架构,并按照公路网等级不同形成统筹管理、协同联动的管理体制,全力推动"全行业纵向贯通、横向衔接、责权清晰的路网运行管理体制"建设。具体层级架构与业务内容建议如下:

(1)明确形成"全国/区域—省域—片区"的"两层三级"业务层级体系。其中,区域路网重点为京津冀、泛长三角、泛珠三角、成渝地区等跨省域路网。部路网中心负责统筹全国、区域级路网运行监测与管理工作,负责指挥协调跨区域路网运行监测、服务与应急工作,指导省域、片区级管理工作;省级路网管理机构负责执行部路网中心有关跨区域路网运行指挥调度与应急处置指令,统筹辖区内高速公路、普通公路的路网运行监测与管理工作,指导片区(地市)管理工作;片区(地市)按照高速公路、普通公路有关机构负责辖区内路网运行监测、服务与应急等具体业务工作。

(2)强化形成以"监测为核心、应急为重心、服务为龙头"的业务体系。以监测为核心,实时、准确地监测公路网基础设施、交通运行、气象环境运行状态与安全情况,确保其作为应急与服务的前提基础。公路突发事件常常是公路网运行工作的"集结号"与"发令枪",以应急为重心,通过预警响应、指挥协调、疏导诱导、抢险抢通、保通保畅,确保公路基础设施安全畅通、交通运行平稳有序。以服务为龙头,提供公路网设施服务、收费服务、信息服务、救援服务等公路出行服务,体现以"人民为中心"的业务龙头。

(3)突出以综合性数据分析和全过程事件管理为基础的公路网运行监测业务。监测的首要目的是为提高公路网运行管理效率和能力提供支撑,运行监测获取的大量数据在路网日常与应急管理、微观与宏观管理、建议与决策支持方面发挥决定性作用,是各级路网中心必须要承担的重要任务。通过感知路网运行客观数据和突发事件全过程状态,对路网基础设施、交通

第二章 公路网运行监测与管理基本概念

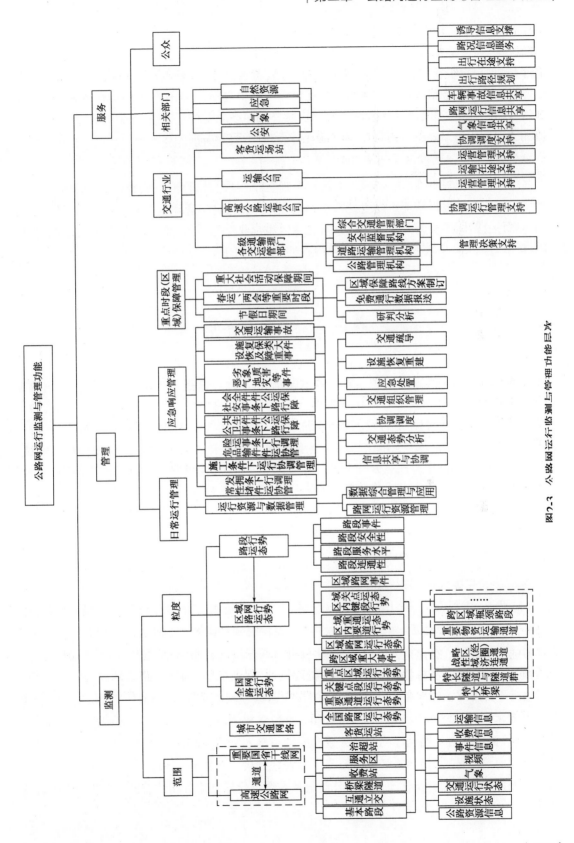

图 2-3 公路网运行监测与管理功能层次

组织、应急指挥、信息服务等多环节管控提出解决方案,使综合数据分析在应急事件响应与处置中发挥核心关键性作用。

(4)以信息化、智能化为支撑,强化高速公路、普通公路两网融合的高效运行体系。信息化、智能化是实现公路网运行监测与管理现代化的必由之路,是确保公路网运行管理与服务工作有效开展的重要手段。强化高速公路与普通公路网络之间相互支撑、互为补充、协调保障的重要依存关系,确保公路"一张网"运行的无缝衔接与高效协同。

4."监、管、服"三位一体功能层级

公路网运行监测功能包括宏观、中观和微观三个层次,从监测范围、粒度以及关键点三个方面展开;公路网运行管理功能包括常态运行管理、应急响应管理以及重要时段(事件)管理三个方面;公路网运行服务功能包括面向交通运输行业、相关行业部门以及出行公众提供不同对象要素的服务。具体功能层级与对象内容如图2-3所示。

第六节 业务与边界

围绕公路网运行监测与管理业务体系建设,须将制度体系建设与信息化建设作为重要支撑点,实现"搭好制度与技术台,唱好管理与服务业务戏"的"4+2"业务体系目标。部省两级路网中心"搭台"与"唱戏"业务是相辅相成的辩证关系,运行监测、应急处置、出行服务、考核监督等具体业务开展得如何,取决于政策制度设计与系统平台建设的情况;反之,政策、制度、机制是部省两级路网中开展业务的重要前提与保障,而信息化设施与系统功能则是重要手段与技术支撑。路网运行管理机构业务体系框架设计如图2-4所示。

面向未来,在"4+2"业务体系以及"监测为核心、应急为重心、服务为龙头"的目标引领下,部省两级路网中心的重点任务包括下列六项内容。

1. 构建完善的路网管理政策制度体系

响应交通强国战略,深入开展法规政策研究。

(1)开展《中华人民共和国公路法》《公路安全保护条例》《收费公路管理条例》相关条款适用性研究。明确管理工作职责、定位及内容,尽快完成《国家公路网运行管理办法》编制印发工作,并通过"立、改、释"等途径,重点针对路网管理日常监测、应急管理、出行服务、联网收费等环节,有序推进相关立法、修法、释法等工作。

(2)开展路网管理制度体系研究。按照交通运输领域中央与地方财政事权和支出责任划分改革要求,建立健全全行业纵向贯通、横向衔接、责权清晰的路网运行管理制度,实现部级对省级、省级对市县各类路网监测与服务数据的统一接入和按需调用。细化国、省、市、县四级公路交通应急预案体系,指导省级完善公路应急管理制度。建立政府和社会互动的出行信息采集、共享和应用制度,初步实现普遍性公益服务与个性化定制服务相结合的公路出行信息服务新体系。

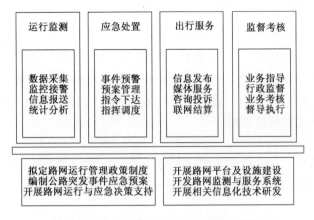

图 2-4　路网运行管理机构业务体系框架设计

2. 构建先进完备的路网运行监测与管理技术标准体系

立足国情和行业实际,在现行《公路工程技术标准》(JTG B01)体系下,建立完善路网运行监测与管理技术标准体系,主要重点如下。

(1)数据接口规范。明确部省数据平台的数据共享标准和交互接口规范。

(2)运行监测标准,重点对多元信息融合、决策管理以及运营服务提供基础支持。

(3)出行服务标准,分别从信息提供、安全预警信息和辅助驾驶等方面对信息准确性、时效性方面予以规定;另外,还需要对路网决策与管理以及联网收费运营服务等内容进行规定。

3. 建设部、省两级路网云控平台及数据中心

(1)以业务需求为导向,初步建成公路网运行监测管理与服务业务基础平台,实现部省两级层面公路网运行相关业务统一化、标准化、平台化应用,提升业务在线化水平与协同运行效率。

(2)建设公路网运行监测管理与服务大数据资源中心,推动公路网运行信息一次采集、多级共享、同步应用,路网突发事件一次填报、多级流转、上下联动,实现部级有关单位,省级公路主管部门,公安交管、自然资源、应急管理、气象等行业主管部门所掌握的与公路网运行相关信息资源在部省两级全面汇聚及融合共享,为开展多级联动的公路网一体化运行管理打下坚实基础。

4. 开展自主可控的智慧公路创新技术试点示范

以智慧公路基础设施、智慧运行管理系统、智慧公路服务系统、大数据综合管控与智慧决策支持系统、营运车辆自动驾驶和车路协同示范等为主攻方向,指导开展智慧公路创新技术试点示范,充分体现北斗高精度定位、物联网、大数据、人工智能、智能驾驶、车路协同等技术在交通运输管理和服务方面的创新应用,加强信息资源互联互通和共建共享,提升区域协同治理和出行服务智能化水平,积极推动技术成果转化,跟踪技术应用和效果评估。

5. 建立战略合作机制,深入探索出行服务合作创新

联合互联网企业搭建战略合作框架,鼓励社会资本采用政府和社会资本合作(Public-Private Partnership,PPP)等模式积极参与公路服务产业投资与运营,提高公路服务产品质量和供给效率;鼓励行业与互联网企业联合成立"出行服务运营商",创新公益与市场融合服务模式并提供高效增值服务;积极引导提供高品质 ETC 支付用户体验,拓展收费大数据创新应用,充分释放数据红利,形成满足出行大数据应用需求的产品系统和解决方案。

6.构建可靠可控的公路网运行网络安全体系

(1)强化信息安全管理,建立流程清晰、高效顺畅的信息安全管理联动机制,从"端、管、云"三方面入手,加强关键芯片、传感设备、基础软件、核心算法、通信协议和系统平台等环节的安全防控,建立覆盖"云控平台—通信网络—路侧终端"的网络安全响应机制,形成适应不同安全等级的隐患响应和恢复策略。

(2)加强数据链安全防护管理。明确相关主体数据安全保护责任和具体要求,提高数据采集、处理、存储和传输过程的机密性、完整性和可用性。建立数据分级分类、流动管理规范,对用户敏感数据严格保护管理,确保涉及驾驶员信息、车辆信息、关键位置信息等敏感数据安全可控。

第七节　职责与定位

2013年11月26日,经国务院和中央编办批准,《中央编办关于交通运输部有关职责和机构编制调整的通知》正式印发,继2009年"负责国家高速公路及重点干线路网运行监测和协调"核心职能被纳入交通运输部"三定"后,国家公路网运行监测和应急处置协调工作被进一步强化。

1.部级路网运行管理机构职责定位

交通运输部路网监测与应急处置中心是公益二类事业单位,主要承担全国路网监测、应急处置和出行服务三项核心职能。受部委托承担全国公路网路况监测、全国公路网建设及运营服务成本分析与评估有关工作,承担全国ETC联网收费管理及清分结算工作,指导地方开展公路网运行监测与管理有关工作;积极开展与民航、铁路、水运、道路运输等行业相关单位,以及公安、气象、卫生、应急等有关部门进行数据共享交换与业务协同联动。部路网中心的职责定位与具体职责如图2-5、表2-1所示。

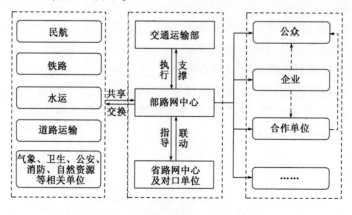

图2-5　交通运输部路网中心的职责定位

交通运输部路网监测与应急处置中心职责　　　　表 2-1

根据中央编办《关于设立交通运输部路网监测与应急处置中心的批复》(中央编办复字〔2011〕1174号)成立的交通运输部路网监测与应急处置中心(以下简称路网中心)主要职责如下:

(一)拟定全国公路网运行监测、重大突发事件预警和应急处置技术支持、出行信息服务等方面的规章制度,并组织实施。

(二)承担全国公路网运行管理的相关政策、标准和规范的研究、起草工作。

(三)承担全国公路网日常运行监测工作;承担国家高速公路和重要干线公路及特大桥梁、长大隧道的实时监测工作。

(四)承担国家公路交通突发事件应急预案的起草、修订工作;承担全国公路交通突发事件应急值守和应急信息的内部报送工作。

(五)承担全国公路重大公路突发事件的预测、预警工作;承担全国公路网运行统筹调度、跨省(自治区、直辖市)公路交通组织和疏导、应急抢修保通等事项的组织与协调的有关工作;承担重大公路交通突发事件应急处置的有关工作。

(六)承担全国公路网的运行状况、路况信息、公路气象预报预警等公共信息的收集、汇总、发布以及社会化服务等工作。

(七)承担全国公路网运行监测、重大突发事件预警与应急处置、公路交通出行服务等信息平台的研发、建设、管理和维护工作;承担全国公路数据库等信息平台的技术支持和维护工作。

(八)受部委托,承部组织的全国公路网、特大桥梁、长大隧道技术状况监测和安全运行监督检查的组织实施工作;承担组织、协调地方路网运行监测与公路交通应急处置的有关工作;承担全国公路网建设、养护造价及运营服务成本分析与评估的有关工作。

(九)受部委托,承担收费公路联网收费和不停车收费的技术支持及收费公路联网收费和不停车收费客户服务体系建设的组织协调工作;承办国家级密钥管理工作;承担组织、协调跨省(自治区、直辖市)联网收费结算工作。

(十)承担公路交通量调查及全国公路网交通流实时监测、汇总和分析等工作;承担公路网运行监测、应急处置、出行服务等方面的科学研究、技术咨询与国际交流工作。

(十一)承担部交办的其他工作。

交通运输部《关于路网监测与应急处置中心成立收费公路联网结算管理中心的批复》(交函人劳〔2014〕169号)规定,部路网中心收费公路联网结算管理中心主要业务范围是:

受部委托,起草全国收费公路联网收费和电子不停车收费方面的规章规定、标准规范和相关政策;制定全国收费公路联网收费的实施管理办法,并组织实施;承担全国收费公路联网收费的联网运营和服务工作;承担跨省电子不停车收费日常清分、结算、信息处理、核查、争议处置等工作;承担全国收费公路联网收费和电子不停车收费数据交换、技术支持和服务、客户服务体系建设指导、新技术研发和产业化推广应用等工作;承担收费公路国家级密钥管理工作;承担全国收费公路联网收费数据的统计、分析等工作。

2. 省级路网中心的主要业务职责

截至2018年,已正式组建的省级路网中心机构主要职责与所在省(自治区、直辖市)公路管理体制相适应,不同地区省级路网中心业务范围、定位目标等不尽相同,核心职责主要有五类。

(1)省域公路网运行监测与信息汇总、分析和处理。

(2)重大突发事件路网指挥调度与应急响应。

(3)升级公路网运行管理与服务系统建设和运维。

(4)基于互联网站、客服电话、微博、微信等公益性出行信息发布服务。

(5)开展跨部门协调联动与业务协调。

省级路网中心机构职能建设在制度机制建设、系统平台建设、路网监测、应急处置与出行服务等具体业务方面,特别是在规范化、标准化的业务体系建设方面,取得了丰富经验和巨大成绩。例如,江苏、江西部分地区基本形成了省、市、县三级路网运行管理机构体系,业务体系建设初步实现了省域内纵向贯通与横向协同。部分省级路网中心机构职责见表2-2。

部分省级路网中心机构职责　　　　　　　　　　　　表 2-2

上海市路网监测中心：
（一）负责制定本市道路路网运行监测、收费管理、出行信息服务等方面的规章制度，并组织实施；参与本市道路路网运行管理、收费管理相关标准和规范的研究、起草工作。
（二）负责本市道路路网日常运行监测工作；承担市管道路交通运行状况的实时监测工作。
（三）负责本市道路路网运行状况、气象预报预警等信息收集、汇总、发布、共享及服务工作；负责道路交通量调查及交通运行状况分析评价等工作；参与相关道路交通改善项目和路网优化项目研究工作。
（四）负责本市道路路网应急指挥平台的建设、维护和管理工作；负责路网应急信息汇聚、应急信息报送、应急指挥联络工作。
（五）负责组织本市道路运行管理信息化规划、建设，承担市管道路路网运行监测、联网收费管理、道路出行信息服务等机电设施与信息系统的规划、建设、运行和维护工作。
（六）负责高速公路联网收费结算与清分工作，包括收费数据管理、通行卡调配、发票印发与核销，与相关公司、银行间的资金划拨与对账等。
（七）负责本市道路 12122 服务热线的建设、运行和维护工作，并受理道路行业的投诉、咨询及求助等业务；承担 12122 与 12319 服务热线关于道路行业投诉业务的转发、跟踪督办和信息反馈。

北京市道路路网管理与应急处置中心：
（一）负责路网管理与应急处置系统的运行管理和维护及后续开发建设；负责相关数据的收集、整理、分析和上报工作。
（二）负责全市公路路网运行状态的动态监测；为公众提供出行信息服务。
（三）负责公众出行服务网站的更新维护和可变信息标志板的信息发布管理工作；负责应急、值班、公众服务热线电话的值守。
（四）负责指导各公路分局和城市道路养护管理中心的路网管理工作。
（五）负责公路和城市道路突发事件的情况通报，协助指挥应急事件的处置、抢险工作。
（六）负责公路基础数据库的公路服务电子地图数据更新管理。
（七）承担 800 兆无线通信设备的具体管理工作。
（八）承担路政管理信息的发布工作。
（九）完成上级交办的其他各项工作。

青海省公路网运行监测与应急处置中心：
（一）在交通运输厅应急领导小组的指导下，拟定全省公路网重大突发事件预警和应急处置等方面的预案、处置方案、流程等规章制度，并协助组织实施。
（二）承担全省公路网机电系统的规划、设计、建设、检测、验收及维护管理等行业监管工作，外场机电设备接口标准、系统建设技术标准、要求等相关研究和管理工作。
（三）承担全省公路网日常运行监测、应急值守和应急信息的报送工作，公路交通突发事件预测预警、应急处置的技术支持。
（四）承担全省公路网运行监测、重大突发事件预警与应急处置系统、公路交通出行服务等信息平台的规划、建设、管理和维护工作。
（五）承担全省公路网的运行状况、路况信息、公路气象预报预警等公共信息的收集、汇总、发布以及社会化服务等工作。
（六）承担全省公路突发事件指挥调度、应急保障的技术支持等工作，处理 12328 呼叫中心服务电话业务。

第八节　制度与机制框架

公路网运行监测与管理的制度建设是"纲"，无论是业务规程、系统建设还是人为管控，都需要刚性制度的约束与授权；机制建设是"目"，各类业务协同、信息共享与资源整合需要高效可行的机制保障。"纲举才能目张",如此才能有条不紊地推动公路网运行监测与管理各项工作顺利开展。"制度"作为公路网运行监测与管理的"纲",必须要建立在能够指导监测、应急、服务、监督等业务流程、指令执行与系统应用之上,而"机制"则需要确保各个环节和接口的有效衔接与传导联动。公路网运行监测与管理工作从应运而生到起步发展,陆续围绕监测、应急与服务业务形成了部分制度要求,具体情况见表2-3。

部分公路网运行监测与管理制度汇总表　　　表2-3

序号	名　　称	制(修)订年份	性　　质
1	全国公路网管理与应急处置平台建设指导意见	2009	指导意见
2	公路交通情况调查统计报表制度	2009	部门规章
3	公路交通突发事件应急预案(2010、2017年修订)	2006	部门规章
4	公路交通阻断信息报送制度(2009、2017年修订)	2006	部门规章
5	公路出行信息服务规定(暂行)	2006	部门规章
6	交通运输突发事件应急管理规定(修订)	2009	部门规章
7	交通运输突发事件信息处理程序(修订)	2009	部门规章
8	交通运输突发事件信息报告和处理办法(修订)	2009	部门规章
9	干线公路通车信息报送制度	2011	部门规章
10	公路安全保护条例	2011	法规
11	公路网运行监测与服务暂行技术要求(修订中)	2012	技术规范
12	关于做好小型客车免费通行相关信息报送工作的通知	2013	通知要求
13	关于加强恶劣天气公路交通应急管理工作的通知	2013	通知要求
14	交通移动应急通信平台管理办法	2014	部门规章

建立健全制度机制是当前公路网运行监测与管理工作的"牛鼻子",各级公路网运行管理机构应围绕公路网运行监测、应急处置、出行服务、业务监督等核心业务,结合管理与服务实际需要,着力完善制度规定、标准规范和业务机制。公路网运行监测、管理制度与机制建设的核心需求与突破口是在现有法律法规框架下,出台统筹全国公路"一张网"管理的《国家公路网运行管理办法》等纲领性、全局性的制度文件,明确公路网运行监测与管理的核心定位、业务职责、功能属性、系统目标、机构组成与保障措施等核心要素。

此外,建立公路网运行监测与管理制度机制体系,应将"信息"与"事件"作为一条贯穿始终的基本主线,将信息化技术与智能化系统作为保障管理与服务开展的重要支撑力量,并通过标准化、制度化、规范化设计实现上下贯通与高效运转。具体从以下七个方面着手:一是要建立健全全网统筹的公路网运行信息管理制度;二是要建立以路网运行事件管理为核心管理制度;三是要探索形成跨越公路管理(资产)主体的联网运行机制;四是要系统构建部省两级路网运行监管与服务业务协同机制;五是积极建立跨部门、跨区域的突发事件应急联动机制;六是要以开放融合、多元共享的原则构建信息市场合作机制;七是要全面形成部、省、市三级路网运行管理监督考核机制。

公路网运行监测与管理的最大特点与难点就是不确定性、突发性,部省两级路网中心机构迫切需要将业务重心由"被动管理"转移到"主动监管",形成一系列公路网运行监测与管理相关政策、标准和规范,建立健全运行监测、应急处置与出行服务方面的规章制度。因此,为实现"有法可依、有规可行、有据可循"的目标,应该按照指导类、制度类、操作类、技术类定义公路网运行监测与管理制度机制框架体系,明确制度文件、内容说明和适用范围,详见附表B。

第三章
公路网运行监测与管理总体框架

第一节 总体框架设计

在"纵向贯通、横向衔接、责权清晰、高效协同"的体制机制保障下,以公路网运行监测与管理的自动化监测、数字化管理、协同化运行、智能化服务发展目标为基础,以监测对象、数据资源、业务体系、应用系统、服务对象等要素为主要构成,设计"可视、可测、可控、可服务"的监测与管理总体框架,如图 3-1 所示。

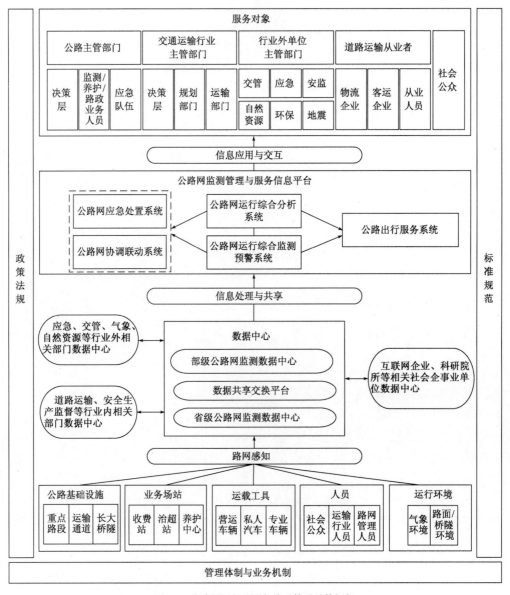

图 3-1 公路网运行监测与管理体系总体框架

第二节 业务与功能框架

根据公路网运行监测与管理"搭台"与"唱戏"的"4+2"业务体系的辩证关系，按照建立政策制度与业务保障体系，以及基础业务、支撑业务、决策业务三个层级，开展公路网运行监测与管理业务框架与功能设计。部省两级路网中心机构应对照业务要求，分级、分层、分类开展业务功能适用性研究与落实，具体如图3-2所示。

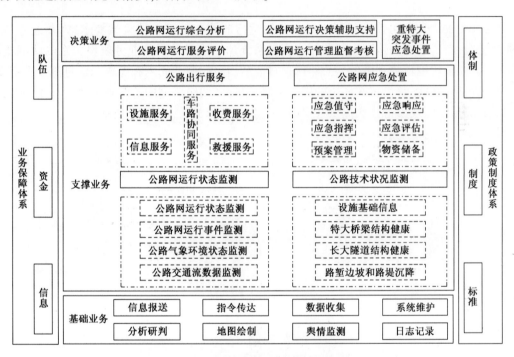

图3-2 公路网运行监测与管理业务与功能框架

(1) 决策业务层。

决策业务层面向省域、区域、全国范围公路网运行监测与管理，开展公路网运行综合分析研判、重大事件决策辅助支持、突发事件应急指挥处置、运行服务管理评价以及业务监督考核工作，形成宏观指导公路网运行监测与管理的政策制度、重大建议、指挥决策、评价分析以及考核结果。

(2) 支撑业务层。

部省两级路网中心机构及基础公路养护、运营等部门围绕公路网运行状态监测（技术状况及交通状态）、公路突发事件应急处置、公路出行服务开展具体业务。其中，公路技术状况监测包括对公路基础设施、桥隧等技术与安全监测；公路网运行状态监测包括对交通流、交通事件、气象环境等监测；公路应急处置包括预案管理及应急响应、处置、评估等各个环节；公路出行服务包括公路设施服务、收费服务、信息服务、救援服务以及车路协同服务等。支撑业务层为公路网运行监测与管理的决策部署提供重要支撑保障。

(3)基础业务层。

以各级路网中心值班值守工作为载体,公路网运行监测与管理工作人员面向支撑、决策业务开展舆情监测、信息报送、分析研判、指令传达、系统管理等具体工作。目的是确保公路网运行监测、应急处置与出行服务工作的顺利开展。

第三节 逻辑与关系框架

根据"可视、可测、可控、可服务"的公路网运行监测与管理总体框架要求,以及业务与功能业务层级设计,定义公路网运行监管与服务系统顶层逻辑关系与业务逻辑关系的两层逻辑框架。其中,顶层逻辑关系主要从公路网运行监测、管理、服务的内在逻辑与信息流角度定义,基于基础设施、交通运行、路网环境的感知监测,以部省两级路网中心管理体系为支撑,面向行业内外相关单位以及出行公众提供必要服务。具体逻辑关系如图3-3所示。

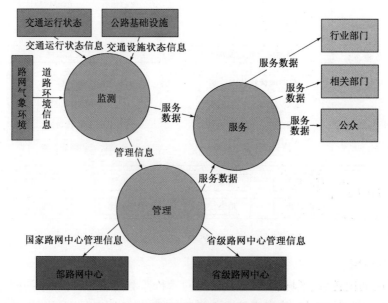

图3-3 公路网运行监测与管理顶层逻辑框架

围绕部省两级路网中心的公路运行监测与管理的基础业务、支撑业务及决策业务,构建完整闭环的业务逻辑关系,有效满足监测对象、管理目标以及服务要求。

(1)公路网运行监测是基础,是保障公路网应急与服务工作的重要前提。监测工作贯穿公路网运行管理与服务工作始终,应急与服务工作的监测环节是监测业务的重要内容。

(2)突发事件应急处置是动态,是公路网运行由常态运行更替为异常运行的响应工作。应急处置工作是阶段动态管理,需要与监测工作密切联系,做好衔接、过渡和协同。

(3)公路出行服务是需求,是公路网运行的本质要求。服务工作必须面向不同对象,以监测为基础与保障,面向管理者、使用者提供需求服务。

如图 3-4 所示,公路网运行状态监测(技术状况及交通状态)、公路突发事件应急处置、公路出行服务等支撑业务层的逻辑关系是环环相套、闭环流转的,现实中应避免"多张皮"现象。部省两级路网中心的逻辑关系是协调联动、分级管理、指令闭环的,现实中应杜绝"监而不管、管而不通"问题。面向各类服务对象,信息交互与业务协作是重要基础,公路网运行需要跨部门、跨领域高度协同。总之,公路网运行监测与管理的内在逻辑关系是相辅相成、协同并进、闭环联动的,任何一个环节的错误都可能影响体系的正常、稳定运行。

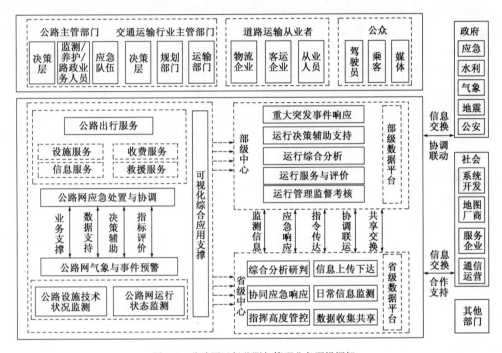

图 3-4　公路网运行监测与管理业务逻辑框架

第四节　系统与技术框架

以公路网运行监测与管理总体框架为基础,整合并融合系统资源,定义公路网运行监测管理与服务平台系统技术框架,包括运行感知层(终端)、基础设施层、数据资源层、应用支撑层、应用系统层、服务层、用户层,具体如图 3-5 所示。

(1)运行感知层(终端)。运行感知层主要实现信息采集,包括基础设施、交通流、视频图像、气象环境等状态感知终端等。

(2)基础设施层。基础设施层是系统运行基本保障,包括计算资源、存储资源、网络系统(交通信息专网、高速公路光纤网、互联网)、配套设施(机房配套设施)等。

(3)数据资源层。数据资源层实现数据融合、清洗与梳理,包括基础数据、业务数据、主题数据、交换数据等。提供与数据资源紧密相关的服务,包括数据资源目录服务、数据交换共享服务、关系数据库以及非关系数据库服务等。

(4)应用支撑层。应用支撑层是实现系统平台稳定运行的支撑工具,包括地理信息系统(Geographic Information System,GIS)服务、云视频联网监控、公路网运行仿真、通信调度、大数据分析、高速公路收费系统等。

(5)应用系统层。应用系统层主要包括公路网运行综合监测预警系统、公路网应急处置系统、公路出行服务系统、公路网运行综合分析系统、公路网协调联动系统、可视化综合应用系统等应用系统。

(6)服务层。信息服务层为行业内外用户提供多种服务方式,包括大屏展示、可变信息交通标志(VMS)、信息发布系统等,并提供包括高速公路广播、电视报纸、热线电话、移动终端App等服务接口。此外,服务层还将通过网站、微博、微信等方式为行业内外提供服务信息。

(7)用户层。用户层为系统平台服务对象,主要包括交通运输主管部门、公路管理部门、社会公众,并通过数据交换共享等方式向相关部门提供服务。

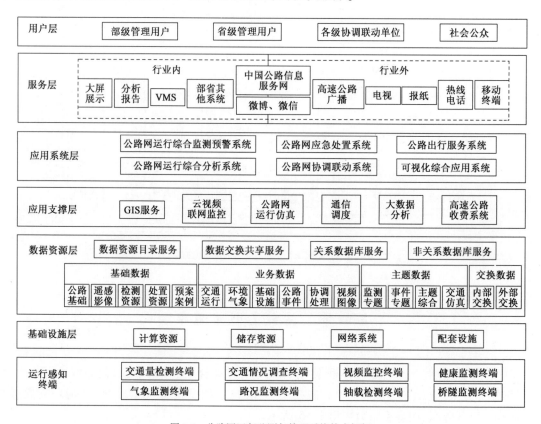

图 3-5 公路网运行监测与管理系统技术框架

第五节 数据架构体系设计

数据架构明确数据来源、流向和分布,规范应用系统数据管理,统一数据视图,应用并推广数据标准、提升数据质量、保障数据安全、提高数据共享能力以及发挥数据潜在价值,实现"用数据说话"的精细化管理。公路网运行监测与管理系统数据架构体系,包括数据流架构、数据资源管理平台、数据管控体系、数据管控组织,具体如图3-6所示。

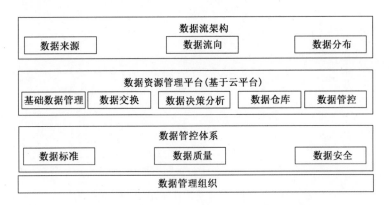

图3-6 公路网运行监测与管理系统数据架构体系框架

(1) 数据流架构:针对公路网运行监测与管理的数据,从数据来源、流向及分布三个方面理清数据关系,明确数据的拥有者、使用者和操作者的权限。

(2) 数据资源管理平台:通过搭建数据资源管理平台,建立基础数据管理系统、数据交换系统、数据决策分析系统、数据仓库和数据管控系统,实现数据的统一管理。

(3) 数据管控体系:通过制定统一、规范的数据标准和明确流程,对数据的标准、数据质量、数据安全进行统一管理。

(4) 数据管控组织:对数据进行管理的组织进行明确和定义。

为有效利用公路网运行监测与管理数据资源,更好地实现数据价值,应探索建立数据资源服务平台,对数据资源进行统一的存储、加工、分析、应用等服务,并优先开展公路网运行监测与管理数据应用规划工作,如图3-7所示。

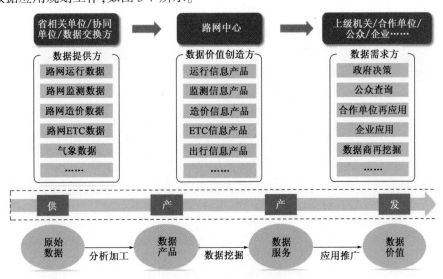

图3-7 公路网运行监测与管理数据应用规划

第四章

公路网运行状态评价指标体系

依托可获取的、标准化的公路网运行数据,建立客观、可靠、数据链统一的公路网运行状态评价指数,动态及周期性地反映全国公路网整体或局部的运行状况,并可用于评估全国公路网在一定时期内的可靠程度和服务水平。各地区可结合公路网运行特征与实际情况,建立健全监测与预警的指标体系、内容对象、方式方法,开展指标体系应用与评估工作。

第一节　指标体系构建思路

公路网运行评价指标体系的构建,应充分考虑基础设施自身健康及技术状态变化对公路网整体运行状态的影响程度;充分考虑公路网中不同空间、时间、环境尺度下的基础设施及所承载对象运行状态变化对公路网整体运行状态的影响程度;充分考虑路网正常运行状态和突发事件状态下的服务质量水平。公路运行评价指数的设定应具有易获得性,定量指标应具有较强的知识表达性,易于计算与展示,不但要反映不同层级路网的某一特征指标,还要能够反映整体路网运行状态以及单一指标与路网整体指标之间的关系,具体构建思路如图4-1所示。

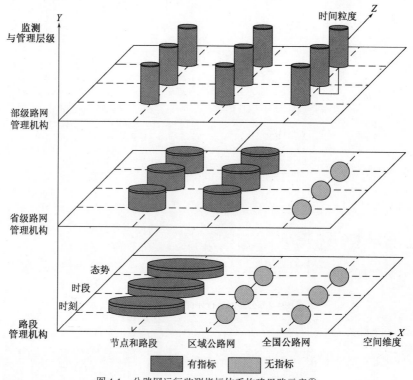

图 4-1　公路网运行监测指标体系构建思路示意①

（1）从指标空间维度来看,不同管理层级所负责的监测与管理的对象和范围不同,可分为全国公路网、区域公路网、节点和路段三个层次。

---

① 图中圆柱体高度代表了指标的集成程度,圆柱体的底面积代表了指标的数量。

(2) 从指标时间维度来看，监测指标的时间粒度包括时刻、时段和态势。

(3) 从指标管理维度来看，管理层级越低，所关注的空间维度越小，关注的内容越详细，指标的数量越多、集成程度越高。管理层级越高，所关注的空间维度越大，关注的内容越概要，指标的数量越少、集成程度越低。

第二节 指标体系层级架构

公路网运行评价指标层级构建方法是将各路段状态颗粒化，体现不同层级和不同颗粒度指标对路网运行状态刻画的重要性和敏感度，在对路网结构和功能相互作用关系及作用效果分析的基础上，构建反映时空维度的评价指标层级架构。

公路网运行状态评价指标分为路段级[①]评价指数和路网级（通道级）[②]评价指数两个层级。路段级评价指数主要对路段运行状态进行单项评价与指数表征，路网级评价指数包括动态评价与周期评价两部分。其中，路段级评价指数属于基本指数，由其可计算得到通道和路网两个层次指标值，具体层级架构如图4-2所示。

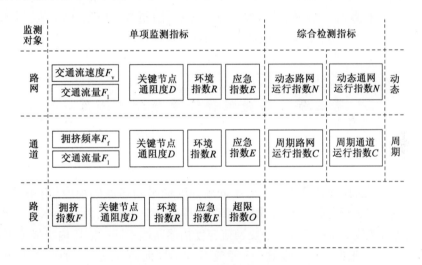

图4-2 公路网运行评价指标层级构架

1. 路段级评价指数

包括拥挤指数、环境指数、关键节点通阻度、应急指数、超限指数。主要内容定义见表4-1。

---

① 路段：对公路网整体运行有重要影响的公路重要路段，一般可根据监测需要以跨区县、跨省市划分。
② 通道：承担跨省公路主要运输需求的通道，一般为高速公路或国道，至少跨两个省（自治区、直辖市）以上。
路网：由高速公路、国省干线公路构成的公路网络。为满足评估需要可自行定义某一特定区域路网，可以为省域、全国某区域或全国公路网。

路段单项评价指数组成及定义　　　　　　表4-1

序号	路段级指数	定义
1	拥挤指数 F	描述交通流拥挤程度,根据不同断面时间平均速度的均值和断面交通量数据、拥挤频率数据进行综合分析,并分为不同等级
2	环境指数 R	用来描述特定气象条件对交通行车的影响程度,根据气象监测的环境参数(包括气象预警等级和影响范围)进行综合分析和测算
3	关键节点通阻指数 D	根据公路节点的排队长度判断,超过限值即为拥堵状态,并结合通过该节点的延时率,对通阻指数进行定义与综合分析
4	应急指数 E	公路交通突发事件对公路网运行的影响程度,即应急响应和交通管制措施对道路行车的影响,包括即时性应急指数和周期性应急指数
5	超限指数 O	描述公路网中超限车辆比例及超限严重程度,采用超限率及超限程度进行表征

2.路网级(通道级)评价指数

包括路网动态评价和路网周期评价指数。

路网动态评价指数有四个:拥挤指数、关键节点通阻指数、环境指数和应急指数。动态评价一般以30min为周期,对120min内的通道和路网运行状态进行综合动态评价。

路网周期评价指数有五个:拥挤指数、关键节点通阻指数、环境指数、应急指数和超限指数。周期评价一般以日、周、月、季为周期进行综合周期性评价。

第三节　路段级评价单项指数测算

1.拥挤指数 F

拥挤指数描述交通流拥挤程度,根据不同断面时间平均速度的均值(有条件地区可用路段平均行程车速)和断面交通量数据、拥挤频率数据进行综合分析,并分为不同等级。

(1)对交通流速度 F_v 做如下定义:交通流速度描述路段不同时间段内交通流平均速度(或路段平均行程车速),根据路段的设计行车速度分为不同拥挤等级。交通流速度越高,表示拥挤程度越低。交通流速度等级划分标准如表4-2、表4-3所示。

高速公路交通流速度等级划分标准　　　　　　表4-2

交通流速度等级 (颜色示意)	设计行车速度(km/h)			交通流速度(F_v)评分 A
	120	100	80	10
畅通(绿色)	≥70	≥60	≥50	[1,3]
缓行(黄色)	[40,70)	[35,60)	[30,50)	(3,5]
拥堵(橙色)	[20,40)	[15,35)	[15,30)	(5,8]
严重拥堵(红色)	[0,20)	[0,15)	[0,15)	(8,10]

注:当速度为0并且断面交通量也为0时,路段为畅通状态。

第四章 公路网运行状态评价指标体系

国省干线公路交通流速度等级划分标准 表4-3

交通流速度等级 (颜色示意)	设计行车速度(km/h)		交通流速度(F_v)评分 A
	80	60	10
畅通(绿色)	≥50	≥40	[1,3]
缓行(黄色)	[30,50)	[20,40)	(3,5]
拥堵(橙色)	[15,30)	[10,20)	(5,8]
严重拥堵(红色)	[0,15)	[0,10)	(8,10]

注:当速度为0并且断面交通量也为0时,路段为畅通状态。

(2) 对拥挤频率 F_f 做如下定义:拥挤频率描述了路段在一定周期内发生拥挤的次数和交通通行延时程度,反映了该周期内路段运行的整体运行状态,其计算公式见式(4-1)。拥挤频率等级划分标准如表4-4所示。

$$F_f = \sum_{i=1}^{\Delta m} f(T_i, m)$$

$$T_i = \frac{t}{t_0}, m = \frac{N_T}{T} \qquad (4-1)$$

式中: F_f——拥挤频率;
T_i——延时率;
t_0——自由流速度通过所花费的时间;
t——实际通过所花费的时间;
N_T——在评价周期 T 内发生表4-4中定义的拥堵和严重拥堵的次数;
m——对应的频次。

拥挤频率等级划分标准 表4-4

延 时 率	拥 挤 频 率					拥 堵 等 级
	>30%	(20%,30%]	(10%,20%]	(5%,10%]	(0,5%]	
	频次					
$1.5 \leq T_i < 4$	(5,8]	(4,6]	(3,5]	(2,4]	(1,3]	拥堵(橙色)
$T_i \geq 4$	(8,10]	(6,8]	(5,7]	(4,6]	(3,5]	严重拥堵(红色)

(3) 对交通流量(交通饱和度) F_1 做如下定义:交通流量描述了交通运行压力,客观的表征交通的拥挤程度及交通运行的饱和度。根据不同的交通流量进行综合分析,划分相应的等级。

动态评价中交通流量 F_1 以交通流速度等级(表4-2、表4-3)为基础进行评价,其计算公式见式(4-2):

$$F_1 = f(v_k, f_1)$$

$$f_1 = \frac{l_V}{l_C} \times 100\% \qquad (4-2)$$

式中: F_1——交通流量;
v_k——交通流速度等级;
l_V——该路段的最大交通量;

l_c——最大通行能力;

f_1——交通饱和度。

周期评价中交通流量 F_1 以延时率 T_i 为基础进行评价,其计算公式见式(4-3)。交通流量等级划分标准如表 4-5 所示。

$$F_1 = f(T_i, f_1) \qquad (4\text{-}3)$$

$$T_i = \frac{t}{t_0}$$

式中:t_0——自由流速度通过所花费的时间;

t——实际通过所花费的时间。

交通流量等级划分标准　　　表 4-5

延 时 率	交通饱和度			拥 堵 等 级
	≥80%	[60%,80%)	(0,60%)	
	交通流量评分			
$T_i = 1$	3	[2,3)	[1,2)	畅通(绿色)
$1 < T_i < 1.5$	(3,5]	[2,4)	(1,3)	缓行(黄色)
$1.5 \leq T_i < 4$	(6,8]	[5,7)	[4,6)	拥堵(橙色)
$T_i \geq 4$	[9,10)	[8,10)	(7,9)	严重拥堵(红色)

2. 关键节点通阻指数 D

关键节点[①]通阻指数根据公路节点的排队长度是否超过一定限值进行分析,超过限值为拥堵状态,并结合通过该节点的延时率,对通阻指数进行综合分析。

动态评价中以排队程度和延时率来表征关键节点的通阻程度,其计算公式见式(4-4)。

$$D = f(K, T_i)$$

$$K = \frac{l}{L} \times 100\% \qquad (4\text{-}4)$$

式中:D——关键节点通阻指标;

K——节点的排队程度,以排队长度 l 与该节点影响里程 L[②] 之比来表示;

周期评价中以排队程度和拥堵频次来表征关键节点的通阻程度,其计算公式见式(4-5)。关键节点通阻指标等级划分标准如表 4-6 所示。

$$D = f(\bar{K}, m) \qquad (4\text{-}5)$$

$$\bar{K} = \frac{\sum_{i=1}^{n} K_i}{n}$$

---

① 关键节点指对路网运行有影响的重要路段,以及桥梁隧道、互通立交、收费站、治超站、服务区等公路节点。

② 影响里程指关键节点的影响范围,省级及以上关键节点影响里程为该节点上下游 5km 范围,其他关键节点影响里程为该节点上下游 2km 范围。

式中：$\bar{K}$——节点的平均排队程度；

m——拥堵频次，为表 4-2 ~ 表 4-4 中定义的拥堵和严重拥堵所发生的频次。

关键节点通阻指数等级划分标准　　　　　　　　　　　　　　表 4-6

排队程度 $K(\bar{K})$	延时率 T_i			
	≥2.5	[2,2.5)	[1.5,2)	< 1.5
	拥堵频次 m			
	≥25%	[15%,25%)	[10%,15%)	< 10%
	关键节点评分			
$K < 25\%$	(5,10]	[3,5)	[2,4)	[1,2]
$25\% \leq K < 45\%$	(7,10]	[5,7)	[4,6)	[2,5]
$45\% \leq K < 70\%$	(7,10]	[7,10]	[6,8)	[5,7]
$K \geq 70\%$	(8,10]	[8,10]	[8,10]	[7,10]

3. 环境指数 R

环境指数 R 用来描述特定气象条件对交通行车的影响程度，根据气象监测的环境参数（包括气象预警等级和影响范围）进行综合分析和测算。

气象和地质灾害预警等级分为蓝色、黄色、橙色和红色四个级别，不同气象状况和地质灾害的各等级预警情况描述见附表 C。

气象影响范围分为区域、省级和市级三个级别。区域包括华北、东北、华东、华中、华南、西南和西北七大区域；省级包括省、直辖市和自治区，当省级预警出现两个及以上的相邻省份时为区域预警；市级为地级市城市。

(1) 对动态环境指数 R_t 做如下定义：动态评价中，动态环境指数 R_t 是指当天在不同气象和地质灾害预警等级情况下对不同等级影响范围内公路交通行车的影响程度，其判定方法见附表 D。

动态环境指数 R_t 根据分值划分为一般、较差、差、极差四个等级，各等级的判定方法和定性描述见表 4-7。

动态环境指数等级判定和定性描述　　　　　　　　　　　　　表 4-7

动态环境指数等级	动态环境指数 R_t 分值	影响级别	颜色指示	定性描述
Ⅰ级	[0,3)	一般	蓝色	气象环境一般，对路网影响不大，注意路况
Ⅱ级	[3,6)	较差	黄色	气象环境较差，对路网有一定不利影响
Ⅲ级	[6,9)	差	橙色	气象环境差，对路网有较大不利影响
Ⅳ级	[9,10]	极差	红色	气象环境极差，对路网有很大不利影响

(2) 对周期性环境指数 R_T 做如下定义：周期评价中，周期性环境指数 R_T 以周期时间段 T 内动态环境指数等级和频次占比来表征，其判定方法见表 4-8。

周期性环境指数评分判定表　　　　　　　　　　　　　　　　表 4-8

动态环境指数等级	预警频次占比			
	(0,10%)	[10%,20%)	[20%,30%)	≥30%
	周期性环境指数 R_T			
Ⅰ级	(0,2)	[2,3)	[3,4)	[4,6]
Ⅱ级	[1,3)	[3,5)	[5,7)	[7,9]
Ⅲ级	[2,4)	[4,6)	[6,8)	[8,10]
Ⅳ级	[3,5)	[5,7)	[7,9)	[9,10]

周期性环境指数 R_T 计算公式见式(4-6)：

$$R_T = \frac{1}{n}\sum_{i}^{n} r_i \tag{4-6}$$

式中：R_T——周期性环境指数；

　　　r_i——周期时间段内第 i 级动态环境指数分值。

即 R_T 取周期时间段内四个等级动态环境指数分值的平均数，其根据分值划分为一般、较差、差、极差四个等级，各等级的判定方法和定性描述同动态环境指数的表 4-8 所示。

4. 应急指数 E

应急指数 E 指公路交通突发事件对公路网运行的影响程度，即应急响应和交通管制措施对道路行车的影响，包括即时性应急指数 E_t 和周期性应急指数 E_T。其中突发事件等级参考《公路交通突发事件应急预案》（公路发〔2009〕226 号）中突发事件的应急响应级别，具体分级标准见附表 E。

(1) 对即时性应急指数 E_t 做如下定义：即时性应急指数 E_t 指突发事件采用的不同应急响应级别以及交通管制措施对公路交通行车的影响。

当通过单项评价指数对路段运行状态进行动态评价时，即时性应急指数 E_t 指当前路段交通管制措施对行车的影响，其等级判定方法和定性描述见表 4-9。

路段即时性应急指数等级判定和定性描述①　　　　　　　　表 4-9

交通管制等级	即时性应急指数 E_t	即时性应急指数级别	颜色指示	定性描述
一级	[9,10]	极差	红色	对道路行车影响特别严重
二级	[6,9)	差	橙色	对道路行车影响严重
三级	[3,6)	较差	黄色	对道路行车影响较重
四级	[0,3)	一般	蓝色	对道路行车影响一般

当通过综合评价指数对通道和路网运行状态进行动态评价时，即时性应急指数为应急响应情况和交通管制措施对道路行车的影响，故以应急响应级别和交通管制占比来表征通道和路网即时性应急指数 E_t，其公式见式(4-7)。

$$E_t = f(i, P) \tag{4-7}$$

式中：i——应急响应级别；

---

① 表格中交通管制等级信息参考公安部发布的《高速公路交通应急管理程序规定》(2008 年 12 月颁布)。详见附表 F。

P——路网(通道)区域内施行交通管制的路段(收费站)占比,其计算公式见式(4-8)。

$$P = \frac{(\delta_1 \times U_1 + \delta_2 \times U_2 + \delta_3 \times U_3 + \delta_4 \times U_4)}{W} \times 100\% \qquad (4-8)$$

式中:W——路网区域内路段(收费站)总数;

　　　U_i——当前通道或路网区域中实行 i 级交通管制的路段(收费站)数;

　　　δ_i——i 级交通管制的权重,原则上 $0 < \delta_4 < \delta_3 < \delta_2 < \delta_1 = 1$。

通道和路网即时性应急指数 E_t 的评分判定方法见表4-10,其等级判定方法和定性描述见表4-11。

通道和路网即时性应急指数评分判定表① 表4-10

应急响应等级	交通管制占比(通道)		
	(0,10%)	[10%,30%)	≥30%
	交通管制占比(路网)		
	(0,8%)	[8%,20%)	≥20%
	即时性应急指数		
Ⅰ级	[9,10]	10	10
Ⅱ级	[5,7)	[7,9)	[9,10]
Ⅲ级	[1,3)	[3,5)	[5,8)
Ⅳ级或无响应	(0,2)	[2,4)	[4,6)

通道和路网即时性应急指数等级判定和定性描述 表4-11

即时性应急指数 E_t	等级级别	颜色指示	定性描述
[9,10]	极差	红色	对道路行车影响特别严重
[6,9)	差	橙色	对道路行车影响严重
[3,6)	较差	黄色	对道路行车影响较重
[0,3)	一般	蓝色	对道路行车影响一般

(2)对周期性应急指数 E_T 做如下定义:周期性应急指数 E_T 是指周期时段内受应急响应和交通管制对道路行车的影响程度,利用突发事件应急响应频率和交通管制频率进行表征,频率周期时间段可为月度、季度、年度,其计算公式见式(4-9)。

$$E_T = \frac{1}{n}\sum_{i}^{n} e_i \qquad (4-9)$$

式中:E_T——周期性应急指数;

　　　e_i——周期时间段内第 i 级应急响应或交通管制的周期性应急指数,当应急响应级别与交通管制级别处于同一等级情况下,该等级的周期性应急指数 e_i 取较高值,其计算公式见式(4-10)。

$$e_i = F(f_E, f_C)$$
$$f_E = \frac{t_E}{T} \times 100\%, f_C = \frac{t_C}{T} \times 100\% \qquad (4-10)$$

式中:f_E——应急响应频率;

---

① 注:表格中应急等级信息参考交通运输部发布的《公路交通突发事件应急预案》(公路发〔2009〕226号)。

f_C——交通管制频率;

t_E——周期时间段内启动应急响应的天数;

t_C——周期时间段内实行交通管制的天数;

T——周期时间段内总时间天数。

E_T 取周期时间段内四个等级的应急指数平均数,其判定方法如表 4-12 所示,并根据其分值划分为一般、较差、差、极差四个等级,各等级的判定方法和定性描述如表 4-13 所示。

周期性应急指数判定方法   表4-12

应急响应级别		应急响应频率				
		(0,3%)	[3%,5%)	[5%,8%)	[8%,10%)	≥10%
		交通管制频率				
		<3%	[3%,8%)	[8%,12%)		≥12%
		周期性应急指数				
Ⅰ级/特级	月度	0	[4,6)	[6,8)	[8,10]	10
	季度	(0,4)				
	年度	(0,5)	[5,6)			
Ⅱ级/一级	月度	0	[3,5)	[5,7)	[7,9)	[9,10]
	季度	(0,4)	[4,5)			
	年度		[4,6)	[6,8)	[8,9)	
Ⅲ级/二级	月度	0	[2,4)	[4,6)	[6,8)	[8,10]
	季度	(0,3)	[3,5)	[5,7)	[7,8)	
	年度	(0,4)	[4,5)	[5,7)	[7,8)	
Ⅳ级/三级	月度	0	[1,3)	[3,5)	[5,7)	[7,10]
	季度	(0,2)	[2,3)	[3,5)	[5,7)	[7,9]
	年度		[2,4)	[4,6)	[6,7)	

周期性应急指数等级判定和定性描述   表4-13

周期性应急指数级别	周期性应急指数 E_T	颜色指示	定性描述
极差	[9,10]	红色	特别严重影响
差	[6,9)	橙色	严重影响
较差	[3,6)	黄色	较重影响
一般	[0,3)	蓝色	一般影响

5. 超限指数 O

超限指数 O 描述了公路网中超限车辆比例及超限严重程度,采用超限率①及超限程度表征,其计算公式见式(4-11)。超限指数等级划分标准如表 4-14 所示。

$$超限指数 O = f(O_N, O_g)$$

---

① 根据《中华人民共和国公路法》《公路安全保护条例》《超限运输车辆行驶公路管理规定》等法律法规进行监测采集。全国超限检测站联网情况有关数据来源于全国超限信息管理系统。

第四章 公路网运行状态评价指标体系

$$O_N = \frac{Y_O}{Y}, O_g = \frac{w_O \times 0.95 - \overline{w}}{\overline{w}} \tag{4-11}$$

式中：O——超限指数；

O_N——超限率；

O_g——超限程度；

Y_O——超限超载货车数量；

Y——货车总数；

w_O——车货总重；

$\overline{w}$——限重标准，采用0.95的修正系数主要是考虑各地称重检测误差。

其中，超限率O_N分为高速公路（收费站）超限率$O_{N1} = \frac{Y_{O1}}{Y_1}$和普通国省干线（超限检测站）超限率$O_{N2} = \frac{Y_{O2}}{Y_2}$。

超限指数等级划分标准　　　　　　　　　　　　　　　表4-14

超限率	超限程度			
	>30%	(10%,30%]	(5%,10%]	(0,5%]
	超限指数			
≤2%	(5,8]	[3,5)	[2,4)	[1,2)
[2%,5%)	(7,9]	[5,7)	[4,6)	[2,5)
[5%,10%)	(8,10]	[7,9)	[6,8)	[5,7)
≥10%	(9,10]	[9,10]	[8,10)	[7,9)

第四节　路网级综合评价指数的测算

1. 路网级综合（动态）评价指数

路网级综合（动态）评价指数包括动态路网综合运行指数N和动态通道运行指数C，分别动态描述路网和通道的整体运行状况。在综合指数测算部分，对每个单项指标赋予相应的权重，所得指数分值通过雷达图综合表征。

（1）动态单项指标权重：根据各单项指标等级赋以不同的分值和权重，进行综合评价。动态评价各单项指标的权重如表4-15所示。

动态评价单项指标权重表　　　　　　　　　　　　　　表4-15

| 评价指标 | 拥挤指数F | | 关键节点通阻指数D | 环境指数R | 应急指数E |
影响因素	交通流速度F_v	交通流量F_1			
路网综合运行指数权重ξ_n	0.1~0.35	0.15~0.25	0.1~0.25	0.2~0.4	0.1~0.35
通道运行指数权重ξ_c	0.15~0.35	0.2~0.3	0.15~0.3	0.2~0.5	0.15~0.4

注：测算时确定的各单项指标权重之和等于1。若存在单项指标权重为0，则其他各单项指标权重之和应为1。

（2）动态单项指标加权评分：其计算公式见式（4-12），动态评价中各单项指标加权评分结果如表 4-16 所示,评价结果如图 4-3 所示。

$$a = \xi_x \times A_n$$

$$A_n = \frac{\sum_{k=1}^{i} A'_k}{k} \quad (4-12)$$

式中:a——单项指标加权评分结果;

A_n——单项指标评分;

A'_k——路网或通道中第 k 个路段的单项指标评分;

ξ_x——各评价指标权重。

动态评价中各单项指标加权评分结果 表 4-16

评价指标	拥挤指数 F		关键节点通阻指数 D	环境指数 R	应急指数 E
影响因素	交通流速度 F_v	交通流量 F_1			
单项评分 A	A_1	A_2	A_3	A_4	A_5
路网综合运行指数权重 ξ_n	0.1~0.35	0.15~0.25	0.1~0.25	0.2~0.4	0.1~0.35
通道运行指数权重 ξ_c	0.15~0.35	0.2~0.3	0.15~0.3	0.2~0.5	0.15~0.4
综合评分 a	a_1	a_2	a_3	a_4	a_5

注:表中 A 单项评分最高为 10 分。

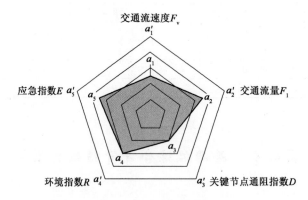

图 4-3 动态综合指数评价结果

(3)动态综合评价指数计算公式见式(4-13)。

$$C \text{ 或 } N = \sum_{i=2}^{n} \frac{a_{i-1} a_i}{a'_{i-1} a'_i}$$

$$a'_i = 10 \times \xi_i \quad (4-13)$$

式中:C——通道运行指数;

N——路网综合运行指数;

a_i——第 i 个指标的综合评分;

a'_i——第 i 个指标综合评分的最大值。

2. 路网综合(周期)评价指数

包括周期路网综合运行指数 N,周期性的描述公路网整体运行状况;以及周期通道运行指数 C,周期性的描述通道的整体运行状况。在综合指数测算部分,对每个单项指标赋予相应的权重,所得指数分值通过雷达图综合表征。

(1)周期单项指标权重:根据各单项指标的监测等级,赋予不同的分值和权重,进行综合评估。周期评价各单项指标的权重如表4-17所示。

周期评价单项指标权重表 表4-17

评价指标	拥挤指数 F		关键节点通阻指数 D	环境指数 R^*	应急指数 E^*	超限指数 O^*
影响因素	拥挤频率 F_f	交通流量 F_l				
路网综合运行指数权重 ξ_n	0.1~0.3	0.1~0.25	0.05~0.4	0.1~0.2	≤0.25	≤0.15
通道运行指数权重 ξ_c	0.15~0.3	0.1~0.35	0.1~0.45	0.05~0.2	≤0.3	≤0.15

注:测算时确定的各单项指数权重之和等于1。若存在单项指标权重为0,则其他各单项指标权重之和应为1。

在周期评价中,环境指数 R^*、超限指数 O^* 及应急指数 E^* 作为可选参数,一般不作为表征通道运行指数的参数。

(2)周期单项指标加权评分:其计算公式见式(4-14),周期评价中各单项指数评分结果如表4-18所示,综合运行指数评价结果如图4-4所示。

$$a = \xi_x \times A_n$$
$$A_n = \frac{\sum_{k=1}^{i} A'_k}{k} \quad (4\text{-}14)$$

式中:a——单项指标加权评分结果;

A_n——单项指标评分;

A'_k——路网或通道中第 k 个路段的单项指标评分;

ξ_x——各评价指标权重。

周期评价中各单项指标加权评分结果 表4-18

评价指标	拥挤指数 F		关键节点通阻指数 D	应急指数 E	环境指数 R^*	超限指数 O^*
影响因素	拥挤频率 F_f	交通流量 F_l				
单项评分 A	A_1	A_2	A_3	A_4	A_5	A_6
路网综合运行指数权重 ξ_n	0.1~0.3	0.1~0.25	0.05~0.4	≤0.25	0.1~0.2	≤0.15
通道运行指数权重 ξ_c	0.15~0.3	0.1~0.35	0.1~0.45	≤0.3	0.05~0.2	≤0.15
综合评分 a	a_1	a_2	a_3	a_4	a_5	a_6

注:表中 A 单项评分最高为10分。

(3)周期综合评价指数测算:采用上述拥挤指数(拥挤频率、交通流量)、关键节点通阻指数、超限指数、应急响应频次和环境指数五个指数的综合评估结果进行表征,其计算公式见式(4-15)。

$$C \text{ 或 } N = \sum_{i=2}^{n} \frac{a_{i-1} a_i}{a'_{i-1}, a'_i}$$
$$a'_i = 10 \times \xi_i \quad (4\text{-}15)$$

式中:C——通道运行指数;

N——路网综合运行指数;

a_i——第 i 个指标的综合评分；

a'_i——第 i 个指标综合评分的最大值。

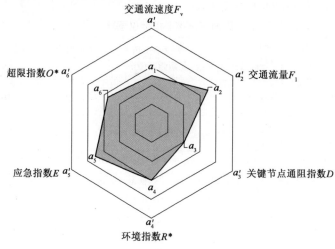

图 4-4 周期综合指数评价结果

第五节 路网综合评价指数的等级划分

公路网综合运行指数 N、通道运行指数 C 均划分为四个等级，等级描述如表 4-19 所示。

通道运行指数等级划分　　　　　表 4-19

运行指数等级	定性描述	动态评价阈值		周期评价阈值	
		路网综合运行指数 N	通道运行指数 C	路网综合运行指数 N	通道运行指数 C
优(绿)	畅通,出行效率、安全性和可靠性很高	$N < 0.35$	$C < 0.35$	$N < 0.25$	$C < 0.25$
良(黄)	局部节点、路段拥堵或阻断,出行效率、安全性和可靠性较高	$0.35 \leq C < 0.65$	$0.35 \leq C < 0.60$	$0.25 \leq C < 0.5$	$0.25 \leq C < 0.5$
中(橙)	大范围拥堵或阻断,出行效率、安全性和可靠性较低	$0.65 \leq C < 0.8$	$0.60 \leq C < 0.85$	$0.5 \leq C < 0.7$	$0.5 \leq C < 0.8$
差(红)	大范围长时间拥堵或阻断,出行效率、安全性和可靠性很低	$N \geq 0.8$	$C \geq 0.85$	$N \geq 0.7$	$C \geq 0.8$

第六节　2018年全国公路网运行状态综合评价(示例)

根据《公路网运行监测与服务暂行技术要求》,2014—2018 年,部路网中心对全国干线公路网运行状态开展综合评价。以 2018 年为例,此节介绍全国干线公路网基础设施运行状况和交通运行状况的综合评价分析结果。

经测算,2018年全国干线公路网综合运行指数为54,处于良等水平,比往年有一定程度下降。其中,全国干线公路网技术状况为良等水平,比2017年小幅提升;阻断严重程度处于较高水平,比2017年大幅提高;路网拥挤度处于基本畅通水平,比2017年小幅下降。2018年全国干线公路网运行状况评价结果及与往年对比情况见表4-20。

全国干线公路网运行状况评价结果　　　　　表4-20

年份	技术状况		阻断程度	拥挤程度	路网综合运行指数
	沥青路面损坏率(%)	国际平整度指数(m/km)	阻断率(%)	拥挤度(%)	
2014	4.74	2.71	1.15	16.2	54
2015	2.30	2.58	2.46	17.0	53
2016	2.02	2.13	1.18	16.00	58
2017	2.52	2.08	0.62	18.0	60
2018	2.30	2.00	1.65	16.70	54

综合分析,2014—2016年全国干线公路网综合运行指数均处于中等偏上水平,总体呈现上升态势,2017年达到良等水平,2018年由于路网运行阻断率大幅提高导致综合运行指数有一定下降,处于中等偏上水平。

1. 技术状况评价情况

从技术状况评价指标来看,近五年全国干线公路网技术状况均处于良等水平,总体呈现上升趋势。其中,2014年相对较差,2015年明显回升,接近优等水平,之后逐年小幅下降,2018年有小幅回升。近五年全国干线公路网技术状况及发展趋势如图4-5所示。

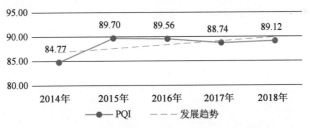

图4-5　近五年全国干线公路网技术状况及发展趋势

2018年,国家干线公路网技术状况监测里程为25000km,监测重点桥梁40座,监测重点隧道10座。根据2018年度国省干线公路网监测项目实施结果,全国共计抽检的1.485万km普通国道和1.015万km高速公路,按照《公路技术状况评定标准》(JTG 5210—2018,以下简称《标准》)进行评定,普通干线公路评定等级为良等水平,高速公路评定等级为优等水平。

(1) 2018年全国普通国道路面综合使用性能指数PQI为86.98;路面损坏状况指数PCI为84.68;路面行驶质量指数RQI为90.43。东、西、中部路况水平如图4-6所示。东部地区普通国道路况水平显著优于中西部。东部普通国道路况水平评价为优等,中、西部普通国道路况水平均评价为良等,东、中、西部路况分别达到《"十三五"公路养护管理发展纲要》中"东、中、西部普通国省道PQI分别达到82、80、78以上"的要求。

（2）2018年全国高速公路路面综合使用性能指数PQI为92.28；路面损坏状况指数PCI为90.94；表征路面平整状况的路面行驶质量指数RQI平均值为93.75；表征路面车辙状况的路面车辙深度指数RDI平均值为91.98。东部地区高速公路路况水平显著优于中、西部。东、中、西部地区路况等级均为优等，东部地区的路况好于中、西部地区，较中、西部地区的PQI均值分别高出1.46和1.50。东、西、中部路况水平如图4-7所示。

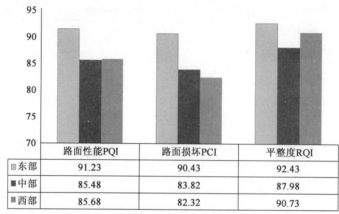

图4-6　2018年度东、西、中部普通路况水平对比

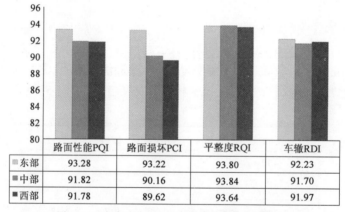

图4-7　2018年度东、西、中部高速公路路况水平对比

2. 畅通情况评价

从路网畅通程度评价指标来看，近五年全国干线公路网均处于基本畅通水平，总体呈现上升趋势。其中，2014年、2016年路网拥挤度较低，2015年、2017年路网拥挤度较高，2018年路网拥堵度小幅下降，货车比例呈逐年下降趋势是畅通情况提升的原因之一。近五年全国干线公路网畅通程度及发展趋势如图4-8所示。

2018年全国干线公路网畅通情况有所好转，拥挤度为16.7%，同比下降1.3个百分点，高速公路网和普通国道网的拥挤度分别为10.4%和19.1%，公路网总体畅通情况有所提升。其中，高速公路处于"畅通"和"基本畅通"状态的里程比例为83.22%，同比增长0.3个百分点，"严重拥堵"状态的里程比例为2.3%；普通公路处于"畅通"和"基本畅通"状态的里程比例为70.7%，"严重拥堵"状态的里程比例为8.0%，比上年略有下降。具体分布情况如图4-9所示。

2018年，全国干线公路网各大区域间的畅通程度差异较大。其中，华南地区路网最为拥堵,拥挤度达 31.4%,比去年有所增长;东北、西北地区路网较为畅通,拥挤度分别为 9.2% 和 7.4%。与 2017 年相比,华南、华中地区路网拥堵情况加剧,华北、华东、西南地区拥挤度有所好转。具体如图 4-10 所示。

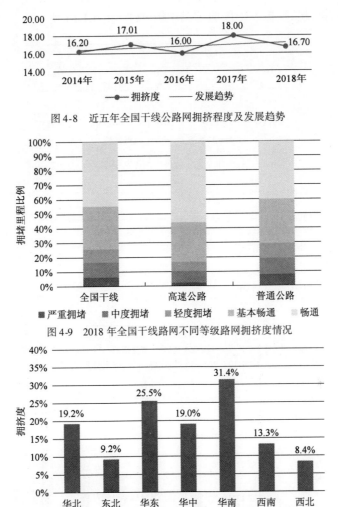

图 4-8 近五年全国干线公路网拥挤程度及发展趋势

图 4-9 2018 年全国干线路网不同等级路网拥挤度情况

图 4-10 2018 年区域路网年平均拥挤度

3. 阻断情况评价

从路网阻断程度评价指标来看,近五年全国干线公路网阻断率持续位于较高水平,总体呈现下降趋势。2015 年阻断率达到最高,之后阻断率快速下降,2018 年阻断率有明显回升。近五年全国干线公路网阻断程度及发展趋势如图 4-11 所示。

根据数据统计,2018 年全国累计报送各类交通阻断事件共计 89142 起,累计公路阻断里程约 157.32 万 km,累计公路阻断持续时间约 510.32 万 h。从发生阻断事件的道路等级来看,国道和省道分别为 64810 起(约占 72.7%)和 24322 起(约占 27.3%)。对比分析历年全国干线公路网阻断事件变化趋势,如图 4-12 所示,公路网阻断事件数量、累计阻断里程整体呈上升趋势,说明路网运行压力及阻断事件影响程度逐年增加。

2018年，因突发性原因（自然灾害、事故灾难、恶劣天气等）造成的阻断事件共 59878 起，占阻断事件总数的 67.17%，因计划性原因（施工养护、重大社会活动等）造成的阻断事件共 29264 起，占阻断事件总数的 32.83%。对近五年阻断事件成因变化趋势进行分析，成因分布比例情况趋同。相比 2017 年，2018 年阻断事件中地质灾害减少 825 起，恶劣天气增加 7252 起，事故灾害增加 208 起，施工养护增加 21326 起，具体如图 4-13 所示。

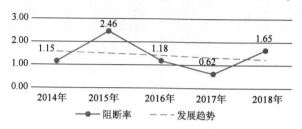

图 4-11 近五年全国干线公路网阻断程度及发展趋势

图 4-12 2018 年阻断事件影响范围分析

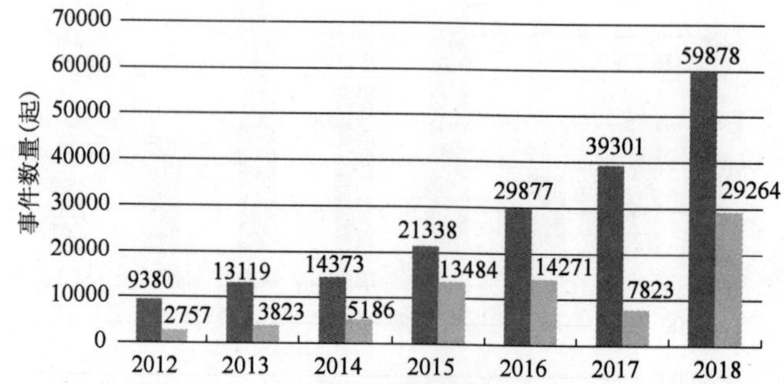

图 4-13 2012—2018 年公路阻断事件成因变化趋势

分析 2018 年阻断事件成因，22.02% 的阻断事件是由于雨、雪、雾等恶劣天气引起的，31.32% 的阻断事件是由于施工养护引起的，22.35% 的阻断事件是由于事故灾难引起的，三个因素引发阻断事件之和占所有阻断事件的 75.68%。公路交通阻断事件主要阻断原因分布如图 4-14 所示。

4. 路网交通流量情况

（1）断面交通量。根据全国交通情况调查系统统计，2018 年全国干线公路年平均日断面交通量为 14569pcu/d，同比增长 0.8%。全国高速公路日平均断面交通量为 27395 辆，日平均行驶量为 155686 万车 km，同比分别增长 4.1%、4.8%。2014—2018 年度全国干线公路网交通量变化趋势如图 4-15 所示。

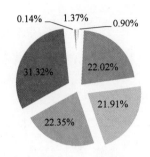

图 4-14　2018 年公路阻断事件主要成因分布

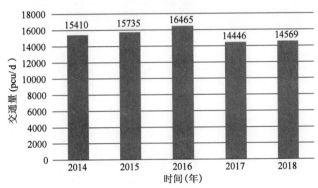

图 4-15　全国干线公路网 2014—2018 年平均日交通量趋势

（2）全国高速公路网出口交通流量。根据全国高速公路通行数据监测平台的收费数据统计，2018 年全国高速公路收费站出口流量为 970896 万辆次，同比增长 7.91%。其中，北京、河北、上海、江苏、浙江、河南、广东和四川地区的高速公路收费站出口总流量均超过 5 亿辆次。2016—2018 年全国高速公路网出口年平均日交通量变化趋势如图 4-16 所示。

图 4-16　2016—2018 年全国高速公路出口流量变化趋势

第五章

公路网运行监测与管理业务体系

公路网运行监测与管理业务体系是构建在"监测为核心"的基础上,以"应急为重心、服务为龙头"全面提升公路网运行效率、服务能力与安全水平。作为公路网运行监测与管理的重要机构,部省两级路网中心机构主要业务包括:公路网运行状态监测与预警、公路突发事件应急处置与协调,以及公路交通出行服务等。

第一节 公路技术状况监测(检测)与评定

公路技术状况监测(检测)业务是履行交通运输部对国家干线路网运行监测及协调职能,加强行业监管、提升路网安全水平的重要方式。通过定期组织对全国干线公路及重点桥隧开展技术状况监测与评定,逐步建立公路网技术状况监测绩效评价及信用管理体系。

交通运输部每年定期组织印发《年度国家公路网技术状况监测实施方案》,原则上在4~6月委托相关技术监测单位对公路路面、桥梁、隧道、边坡等进行技术状况检测评定,全面掌握公路技术状况数据情况,并于10月组织验收以及通报工作。

一、监测(检测)指标表征方法

公路技术状况采用公路技术状况指数 MQI 来表示。该指数包括了路面技术状况指数 PQI、路基技术状况指数 SCI、桥隧构造物技术状况指数 BCI、公路技术状况指数 TCI。公路技术状况指数具体组成如图5-1所示。

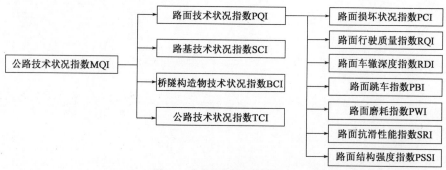

图5-1 公路技术状况指标体系

公路技术状况指数 MQI 及各分项指标的值域均为0~100,共分为优、良、中、次、差五个等级,详见表5-1。

公路技术状况等级划分标准 表5-1

评价等级	优	良	中	次	差
MQI	≥90	[80,90)	[70,80)	[60,70)	<60
SCI、PQI、BCI、TCI	≥90	[80,90)	[70,80)	[60,70)	<60
PCI、RQI、RDI、PBI、PWI、SRI、PSSI	≥90	[80,90)	[70,80)	[60,70)	<60

注:1.高速公路 PCI 指数划分标准:"优"为"PCI≥92","良"为"80≤PCI<92",其他保持不变。
2.水泥混凝土公路 PCI 指数划分标准:"优"为"RQI≥92","良"为"80≤RQI<92",其他保持不变。

二、监测(检测)主要内容参数

公路技术状况监测的主要内容包括国家公路网基础设施、特大桥梁、长大隧道结构健康监测以及路堑边坡及路堤沉降监测等。特大桥梁、长大隧道运行安全的监测是公路技术状况运行监测的重点。

1. 公路网基础设施信息监测

主要包括路基、路面、桥梁、隧道等基础设施信息，收费站、治超站、服务区、停车区等交通附属设施信息，以及路线编号、路线名称、路段名称、技术指标和管理单位等公路管理信息。

公路基础设施信息具体监测参数包括公路起始点、设计行车速度、车道数、车道宽、路面状况、承重等；重点桥隧技术数据包括重点桥梁和隧道的位置、限载、限高、限宽、设计行车速度、车道数、车道宽、路面状况，以及隧道车行横洞、人行横洞等；收费站及费率数据包括收费站位置、收费标准、支付方式等；服务区/停车区位置、服务项目等。

2. 特大桥梁、长大隧道结构健康监测

对于已经建立健康监测系统或安全预警系统的特大桥梁、长大隧道等重要公路基础设施，根据其健康监测系统的相关监测数据及综合评价结果动态确定实时的设施健康状况等级。对于尚未建立健康监测系统或安全预警系统的特大桥梁、长大隧道等重要公路基础设施，依据《公路桥梁技术状况评定标准》(JTG/T H21—2011)评定的桥梁技术状况等级和依据《公路隧道养护技术规范》(JTG H12—2015)的判定结果确定一定时期内设施健康状况等级。

(1)桥梁健康监测是通过对桥梁结构状况中的荷载、表面形貌、结构的强度、振动、性能趋向监控与评估，为桥梁在特殊气候或桥梁运营状况异常时发出预警信号，为桥梁的维护维修和管理决策提供依据与指导。桥梁健康监测内容包括温湿度、应变、振动、挠度、索力、桥塔变形、风力、倾角、梁端位移、动态称重等。

桥梁结构形式、受力特点、桥梁规模是桥梁监测内容选取的主要影响因素，其中不同结构类型桥梁受力截然不同，因此各桥型监测的重点部位和监测指标也各不相同。根据《公路桥梁技术状况评定标准》(JTG/T H21—2011)，将桥梁类型分为梁桥、拱桥、斜拉桥、悬索桥，分别进行监测内容选取，见表5-2。

桥梁重点监测内容　　　　　　　　表5-2

桥梁种类	重点部位	重点监测
梁桥	主梁、桥墩	挠度、位移、应变、裂缝、车辆荷载等
拱桥	拱肋、吊杆、系杆	梁端位移、变形、车辆荷载等
斜拉桥	主缆、主塔、加劲梁、吊索、锚碇	空间位移、主缆索力、支座反力、车辆荷载等
悬索桥	主梁、主塔、斜拉索	变形、斜拉索索力、车辆荷载等

(2)隧道健康监测是通过对隧道结构状况以及其他工作状况的监测，为结构状况的评估、运营现状分析以及工程服务寿命的预测提供数据支持。隧道内设有 CO/VI 探测器、火灾探测器、视频监控系统、交通流检测器、亮度检测器、应变计等监测设备，对一氧化碳、能见度、交通流、应力、位移等指标进行监测。根据监测实施的难易程度和影响隧道交通运行畅通和安全的主要因素，将岩内位移、裂纹、一氧化碳浓度、烟雾浓度、亮度等作为隧道监测内容。隧道健康

监测内容包括变形、收敛、内力、接缝、土压力、水压力等。

3. 路堑边坡和路堤沉降监测

路堑边坡或滑坡监测内容包括：地表监测（水平位移监测、垂直变形监测、裂纹监测）、地下位移监测、地下水位监测、支挡结构变形、应力。常见的路堑边坡或滑坡监测设备有位移监测桩、侧斜管、土压力盒、锚索计等。路堤稳定和沉降监测内容包括：地表水平位移量及隆起量、地下土体分层水平位移量、路堤顶沉降量监测。常见的路堤稳定和沉降监测设备有沉降监测桩、沉降板、单点沉降计、边装及位移监测桩等。

三、监测（检测）与评定工作流程

根据交通运输部《国家干线路网监测项目管理暂行办法》规定，国省干线公路路面技术状况抽检根据工作内容分为前期准备、现场检测和内业数据处理三个阶段；重点桥梁、隧道监测根据工作内容分为初步了解、资料调查、现场抽查和桥梁评估四个阶段。

1. 路网技术状况监测（检测）流程

（1）前期准备阶段，主要开展检测设备标定或校验、整车性能检验与实路测试、必要的保养及升级、配发检测用品；建立公路数据库及模型参数库，供检测路段抽取和后期分析数据使用；按照确定的检测路段和检测设备数量，编制检测方案及检测行程路线规划等工作。

（2）现场检测阶段，主要根据检测路线规划进行现场检测，路况检测指标为路面平整度、路面损坏、路面车辙、道路前方图像和卫星定位数据。

（3）数据处理阶段，主要将外业检测数据整理、路段划分、破损数据识别与处理、识别结果人工抽检与复核、数据库完善及检测数据入库、抽检数据逻辑校验与复核、前方景观图像制作及现场数据质量核对等，之后进行公路技术状况评定、路况衰变原因诊断及路况变化规律及趋势分析等，形成路况评定报告。

2. 桥梁技术状况监测（检测）流程

（1）初步了解阶段，采取对桥梁进行现场勘察、与桥梁管养单位座谈等方式，对桥梁基本技术状况及管养情况进行了解。

（2）资料调查阶段，主要包括桥梁设计及竣工验收资料、桥梁运营期间的检查检测资料、养护维修资料及其他相关资料的调查，为现场抽检及桥梁评估提供依据。

（3）现场抽查阶段，根据桥梁结构形式及资料调查结果，选取重点部位、维修加固部位进行抽查，必要时对重点关键数据进行抽检。

（4）桥梁评估阶段，根据桥梁调查所得资料、现场抽检结果，整理桥梁现状总结报告，组织专家对桥梁现状进行综合评估，提出桥梁的养护建议。

四、监测（检测）承担单位要求

1. 监测单位基本要求

在资质方面，公路路况监测（检测）单位须具备公路工程试验检测综合甲级资质。重点桥梁技术状况监测(检测)单位须同时具备公路工程试验检测综合甲级资质、桥梁隧道工程专项检测资质以及公路行业(特大桥梁)专业甲级的设计资质。

2. 技术人员基本要求

在人员技术方面,管理人员应熟悉行业管理要求及相关技术政策,技术人员应熟悉公路技术状况监测内容及质量评定要求。

3. 检测设备基本要求

路况检测设备应同时采集平整度、破损、图像三项指标,必要时增加车辙检测指标。路面破损检测可分辨1mm以上的路面裂缝,检测结果采用计算机自动识别,识别准确率达到90%以上。用于桥隧检测的桁架式检测车和吊斗式桥梁检测车,向下垂直作业长度不小于13m,水平作业长度不小于20m。

第二节 公路网运行监测与预警

运行监测与预警业务是公路网运行监测与管理工作的核心业务,是支撑公路突发事件应急处置、公路交通出行服务工作的重要保障,主要通过建立全网覆盖、动态感知、泛在互联的监测体系,健全跨区域、跨部门监测预警信息共享、联合会商与协同机制,实现对公路基础设施、运行状况、服务对象、影响因素的全天候监测与预警,并开展指标体系评价工作,如图5-2所示。

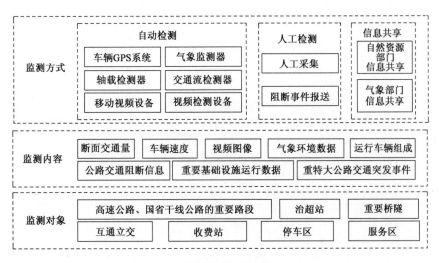

图5-2 公路运行监测对象、内容与方式

一、运行监测内容与对象

国家公路网运行监测内容与对象如下。

1. 监测对象

包括：重要桥隧、互通立交、收费站、服务区、治超站及重要平交道口等节点；急弯陡坡、临水临崖、长大下坡、团雾结冰等高风险路段；大流量、易拥堵、事故多发路段，重点城市、交通枢纽及热门景区周边重要路段，区域间或省际重要运输通道等；易发生涉桥涉隧、涉危化品或重大人员伤亡等突发事件的路段，以及易发生大范围、长时间、长距离无法正常运行情况的路段；其他需重点监测的国家公路网路段、设施等。

2. 监测内容

包括：公路基础设施的技术状况，以及受自然灾害、交通事故等事件影响或损毁情况；公路断面交通量及车辆速度、轴载、标志及车型组成等交通运行参数，公路阻断、管控、拥堵等运行状态信息，以及公路网运行监测视频图像情况；各类公路突发事件及应急处置情况；公路养护施工、气象环境情况以及可能影响公路网运行等其他情况。

3. 监测指标参数

主要包括交通运行数据参数、路网环境数据参数、公路交通突发（阻断）事件信息参数等，详见表 5-3 ~ 表 5-5。

交通运行监测参数　　　　　　　　　　　　　　　　　　　表 5-3

参 数 等 级	参 数 内 容
一级参数	断面交通量（车辆数）（辆/h）、车辆类别（大/小）、行驶方向地点速度（km/h）时间平均速度（km/h）
二级参数	收费站交通量（含车辆出入收费站时间、出入收费站地点、车辆出入收费站行驶里程、车型）、突发事件信息（视频）

路网环境监测参数　　　　　　　　　　　　　　　　　　　表 5-4

参 数 等 级	参 数 内 容
一级参数	能见度（m）、路面状态（路面是否有冰雪、是否潮湿、是否干燥）
二级参数	风速（m/s）、风向（°）、降水量（mm）、大气温度（℃）、相对湿度（%）、路面温度（℃）

路网环境共享参数　　　　　　　　　　　　　　　　　　　表 5-5

共 享 部 门	信 息 内 容
气象部门	卫星云图、降水实况、中短期天气预报、暴雨、暴雪、雾霾、寒潮、大风、沙尘暴、高温等天气落区图
自然资源部门	地质灾害的范围、区域和时间，以及地质灾害的类型（如泥石流、滑坡、塌方等），落区图等

二、运行监测方式与流程

1. 主要运行监测方式

公路网运行监测采取以自动化监测为主、人工排查与监测为辅的方式，必要时采用自动化移动监测的方式，并积极共享相关部门监测数据资源，确保运行监测内容与方式的全覆盖、全天候与全联网。其中，自动化监测方式与技术详见第六章第一节"公路网运行状态多维感知技术"介绍。以部路网中心值班室监测工作为例,其自动化监测系统主要通过交通地理信息系统(Geographic Information System for Transportation,GIS-T)地图与动态路网数据综合展示国家公路网实时运行情况。

人工排查与监测是公路网运行监测的重要方式,各级交通运输执法、公路运营管理等单位应当将执法、巡查、救援等过程中发现的可能影响公路网正常安全运行的情况及时通告路网运行管理单位,各级路网运行管理单位应当建立健全值班值守制度,配备值班工作场所、设备和人员,按照法律法规、应急预案及有关制度要求,开展全天候路网运行监测情况的收集、汇总、分析、报告工作,严禁漏报、瞒报、谎报、迟报。

2. 监测预警工作流程

以部省两级路网中心开展公路网运行监测与预警工作为例,按照监测内容与对象要求开展实时监测工作,从路段基层、相关部门获取公路网运行监测数据,并根据监测情况与事件级别进行上报,必要时由部领导、相关司局、中国共产党中央委员会办公厅(简称"中办")和国务院办公厅(简称"国办")及其他部委通过研判分析确认是否进入预警或应急响应程序,采取相关防御或应急响应措施。具体流程如图5-3所示。

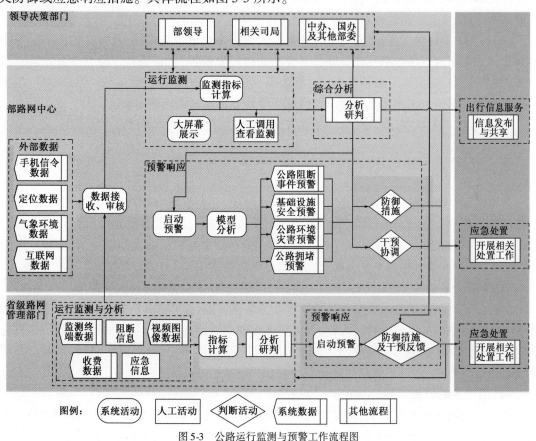

图5-3 公路运行监测与预警工作流程图

3. 监测值守工作要求

以部路网中心值班室为例,介绍值班室日常24h闭环全过程管理工作要求。日常24h重要时间节点工作要求包括:

（1）0:00~6:30 夜班值班员实时监测并根据情况适时汇报。

（2）6:30~7:30 夜班值班员通过汇总路况报送系统、值班 QQ 上报信息,结合值班微信群、新闻网站、微博、微信等地方路况信息,完成早间路况短信及交接班 PPT（演示文稿,Power Point）编辑、审核与发布。

（3）7:30~8:00 夜班值班员按要求对大屏幕进行展示布置。常规展示主要包括：国家高速公路网实时运行图、气象预报预警图、当日阻断信息 PPT。视频展示重点：当日受影响封闭或重点路段、收费站、重要区域、城市、省界、桥隧等路段视频。

（4）7:30~8:00 值班员、值班长及带班领导开展交接班工作,交代白班值班工作要点和要求。上一班组介绍值班情况,说明需要跟踪的重要突发事件情况；汇报公路气象预报预警情况,提醒关注受天气影响省份；通报各级领导有关指示,确认前一天重大路网事件及相关情况。白班值班员通过部短信平台发布正式路况短信。

（5）8:00~17:00 白班值班员实时监测、汇总路况报送系统、值班 QQ 上报信息,结合值班微信群、新闻网站、微博、微信等地方路况信息,并根据情况适时汇报,结合路网运行情况更新大屏幕展示内容。必要时段,与相关省（自治区、直辖市）及中国气象局进行视频或电话会商,了解必要信息,接收汇总地方材料形成专题报告上报。

（6）17:00~18:00 白班值班员完成晚间短信编辑并交值班长审核,通过部短信平台发布晚间短信。夜间值班员联系气象局制作并发布公路气象预报,正式稿件下载签发并投屏。预报图在大屏更新,并发送至微信值班室群。公路气象预报正式稿发有关单位。带班领导、值班长部署交代夜间值班工作要点和要求。带班领导检查工作日志后签字确认。

（7）18:00~24:00 夜班值班员实时监测,编辑次日交接班 PPT 等材料。

三、运行状态研判与分析

公路网运行研判与分析工作是综合公路技术状况、运行状况、应急情况及特定时段、特定事件等开展预测分析与态势研判,为开展公路突发事件应急处置以及公路交通出行服务提供重要支撑与数据支持。按照研判分析对象与结果不同,主要包括数据专题分析、应用主题分析、路网仿真分析及可视化专项分析等。具体业务流程如图 5-4 所示。

（1）专题分析。

依托公路网运行监测及应急事件数据等业务数据,针对公路网运行监测预警、应急事件管理等具体业务中的某个专题进行分析,具体包括路网交通运行状态分析、路网交通运行事件分析、交通运行态势与趋势分析、路网运行分析报告生成、路网历史运行数据分析和路网应急管理专题分析等内容。

（2）应用主题分析。

依托公路网运行监测数据,针对重大活动保障、重要通道运输保障及节假日路网运行等不同的应用进行重要活动、重要路段、重要时段等相关主题分析,对交通量、运行状态进行研判,为车辆疏散、运力投放、协调调度、预案制订、出行信息服务提供辅助支持。应用主题分析已成为路网中心的常规工作,包括每年元旦、春节、清明节、劳动节、端午节、中秋节、国庆节等节假日的路网运行分析研判,暑期、汛期及各类重大活动期间路网运行保障分析等。

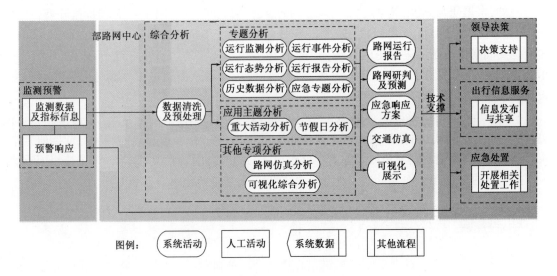

图 5-4　路网运行状态综合分析流程

（3）仿真与可视化专项分析。

依托公路网运行监测数据进行路网运行仿真与预测、综合可视化展示等专项分析，包括公路网运行状态预测模拟、公路网运行历史状态回溯、突发事件趋势仿真、可视化综合分析展示等。

（4）公路网运行研判与分析案例。

开展重大节假日路网运行保障是公路网运行监测、应急与服务工作的重要内容，做好前期研判分析对指导重要时段全国公路网运行工作十分重要。以 2019 年春运期间全国公路网运行服务保障工作为例，按照惯例交通运输部公路局、路网中心会联合中国气象局、千方科技、高德地图等单位联合开展研判分析工作。

研判分析结果显示：根据全国公路网里程、机动车保有量增长及 2019 年春运出行特点，结合天气气候条件总体形势及各种有利春运的举措，预计 2019 年春运期间全国公路网日均断面交通量同比增长 6%～7%，高速公路出口流量同比增长 9%～10%，约 11.8 亿辆次（图 5-5）。春运期间公路出行整体呈现"节前先高后低，节中集中反弹，节后趋于平稳"的特征。

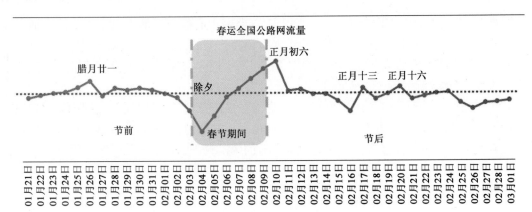

图 5-5　2019 年春运期间全国公路网交通量变化趋势预测图

另外，根据研判分析，随着区域一体化不断推进，城际间、城乡间出行需求日益旺盛，预计春运期间跨区域公路出行需求占比较平日有明显上升，尤其春节假期期间将更为突出。2019年春运期间易拥堵路段集中在京津冀、长三角、珠三角及成渝地区，广东、江苏、安徽、浙江、四川等地易发拥堵，北京、重庆、成都、合肥、西安、广州等城市及周边进出城高速公路拥堵程度较高。

《2019年春运春节路网运行保障工作总结报告》显示，2019年全国春运期间公路网运行总体平稳有序，全国公路网日均断面交通量同比增长6.2%，路网运行总体特征与前期研判结果趋同，高速公路、普通国省干线及各大中城市出入口收费站通行状况基本良好，未接报因重特大事故引发的交通阻断，公路交通安全形势总体平稳，服务规范化水平不断提升。

四、预警发布与响应措施

公路网运行监测与管理工作应当建立监测预警评估机制，对可能影响公路网正常运行的出行高峰、安全风险、事故灾害、恶劣天气及社会活动等情况进行研判分析，必要时开展会商评估并启动跨部门、跨区域协同机制。各级路网运行管理单位、公路运营管理单位应当根据公路网运行监测指标情况与研判分析结果，做好预防与应对准备工作，采取相应预警预防、疏导保畅、现场检测与风险排查等措施，并及时向公众发布出行服务信息和提示信息，尽可能降低对公路网运行的影响和损害。

1. 预警信息收集来源

根据《公路交通突发事件应急预案》的规定，预警信息来源主要包括：气象、地震、自然资源、水利、公安、应急管理等有关部门的监测和灾害预报预警信息以及国家重点或者紧急物资运输通行保障需求信息，各级交通运输主管部门及相关管理机构有关公路交通中断、阻塞的监测信息，其他需要交通运输主管部门提供应急保障的紧急事件信息。

信息收集内容包括：预计发生事件的类型、出现的时间、地点、规模、可能引发的影响及发展趋势等。

2. 预警信息发布流程

根据《公路交通突发事件应急预案》的规定，部路网中心接到可能引发重大公路交通突发事件的相关信息后，及时核实有关情况，确需发布预警信息的，报请交通运输部公路局，转发预警信息或与气象部门联合发布重大公路气象预警，提示地方交通运输主管部门做好相应防范和准备工作，具体流程如图5-4所示。

省级交通运输主管部门接到预警信息后，应当加强应急监测，及时向部路网中心报送路网运行信息，并研究确定应对方案。地方各级交通运输主管部门或公路管理机构，可根据所在行政区域有关部门发布的预警信息及其对公路交通的影响情况，转发或联合发布预警信息。预警信息发布程序可结合当地实际确定。

3. 公路网运行预警主要内容

主要包括公路网基础设施安全状态预警、公路网交通运行状态预警、公路网运行气象环境预警等。

(1)公路网运行基础设施(桥梁、隧道)安全状态预警。根据《公路桥梁技术状况评定标准》(JTG/T H21—2011)等有关标准规范,或采用模糊综合评价、层次分析法等方法测算桥梁通行安全状况,将安全预警分为四个等级,具体如表5-6所示。根据《公路隧道养护技术规范》(JTG H12—2015)等有关标准规范的要求,设定每个预警指标容许值,在通过监测单项监测指标数值超过容许值并确定无误后,立即采取应对措施。

桥梁监测预警等级表 表5-6

预警等级	安全状况及应对措施
Ⅲ级	监测指标基本正常、设施健康状况基本良好,对桥梁使用及安全基本无影响
Ⅱ级	监测指标变化明显,结构明显受损可能影响交通安全,需组织现场勘察和专项检查,分析破损原因及危害,采取必要的维修加固措施等
Ⅰ级	监测指标超过相关标准规范容许值,结构受损严重已影响交通安全。应立即采取交通管控措施,组织专项检查,分析受损原因及危害,必要时采取加固改建等措施

(2)公路交通气象预警。公路气象预警根据恶劣天气的种类、等级,以及可能对公路网运行造成的影响,一般将气象预警事件划分为四个预警等级,即特别重大公路气象预警、重大公路气象预警、较大公路气象预警、一般公路气象预警,并分别对应红、橙、黄、蓝四个颜色等级,具体如表5-7所示。

公路网气象预警等级表 表5-7

预警等级	预警内容与影响情况
特别重大(红色)	特大暴雨、沙尘暴等极端天气,造成高速公路、普通国道交通中断,出现大量车辆积压,并影响到周边省域高速公路、普通国道运行,且抢修、处置时间预计48h以上;一定区域范围内出现暴雪(24h降水量达到或超过10mm,积雪深10cm以上,能见度小于100m)天气,或5万km²区域内路网路面出现覆盖冰雪,或出现水平能见度距离不足50m的强浓雾霾,影响重要城市和50km²以上较大区域,造成30人以上死亡或者失踪
重大(橙色)	大暴雨、大雪、雾霾、沙尘暴等极端天气造成国道、省道交通中断,出现大面积车辆积压,且抢修、处置时间预计在24h以上;一定区域范围内出现大雪(24h降水量5.0~9.9mm,积雪5.0~9.9cm,能见度大于100m且小于500m)天气,或3万km²区域内路网路面出现覆盖冰雪,或出现水平能见度距离在50~200m之间的浓雾霾,造成10人以上、30人以下死亡
较大(黄色)	暴雨、雪、雾霾、沙尘暴等不利天气造成国道、省道交通中断,出现车辆积压,且抢修、处置时间预计6h以上;一定区域范围内出现中雪(24h降水量2.5~4.9mm,积雪深2.5~4.9cm,能见度大于500m且小于1000m)天气,或出现水平能见度距离在200~500m之间的大雾霾
一般(蓝色)	雨、雪、雾霾、沙尘暴等不利天气造成县道、乡道交通中断,出现车辆积压,且抢修、处置时间预计在12h以上

4.公路网运行预警响应措施

各级路网运行管理单位、公路运营管理单位根据预警对象类别、等级情况并结合当地公路网特征落实响应措施。主要包括:

(1)加强预警事件跟踪监测与信息报告,公路网运行监测预警信息流转、传输及跨部门共享、沟通渠道畅通,开展预警预防信息发布工作;针对不同情况制订并实施预防方案与措施,按照"零报告"要求及时报告有关落实情况。

(2)根据公路网运行状况和事件变化情况及时调整工作部署,做好现场预警预防具体工作，直至预警解除或转入应急响应阶段工作；及时开展预防措施实施监督及总结评估。

（3）对涉及跨区域预警预防的，相邻省份应当协同做好预防方案实施工作，避免路网严重拥堵、人员和车辆长期滞留等情况发生，部路网中心统筹开展协调跨区域预警预防方案实施工作。

5. 公路交通气象预警发布示例

以 2019 年 8 月登陆我国的第 9 号台风“利奇马”为例。“利奇马”于 2019 年 8 月 8 日凌晨在浙江省温岭市沿海登陆，登陆时台风中心附近最大风力 16 级（52m/s，超强台风级）；随后穿过浙江、江苏，于 11 日 12 时许进入山东省日照市近海（黄海海域），强度等级为热带风暴；11 日晚间，“利奇马”再次登陆山东青岛，12 日进入山东潍坊北部近海后，回旋少动至 13 日被取消台风编号。“利奇马”先后导致福建、浙江、江苏、山东、河北等省份的 20 条高速公路、1 条普通国省干线公路局部路段短时封闭，浙江境内 37 条普通国省干线局部路段发生塌方、垮塌等地质灾害，道路中断。

“利奇马”登陆前后，交通运输部党组高度重视，认真部署贯彻落实中央关于防御 9 号“利奇马”的指示要求，迅速启动交通运输突发事件Ⅱ级防御响应，部领导靠前指挥，部署细化实化防御措施（图 5-6）。部路网中心按照防御响应要求，针对“利奇马”影响范围广、持续时间长、毁损破坏大的特点，迅速进入应急值守状态，与中国气象局建立气象会商机制，结合受台风影响区域强降雨公路交通气象预报地图，多次发布重大公路气象预警信息，与受影响省份密切联系，切实做到及时收集汇总灾区信息、及时下达部决策部署、采取积极有效措施，并配合做好灾区道路的抢通保通工作和灾损评估工作。

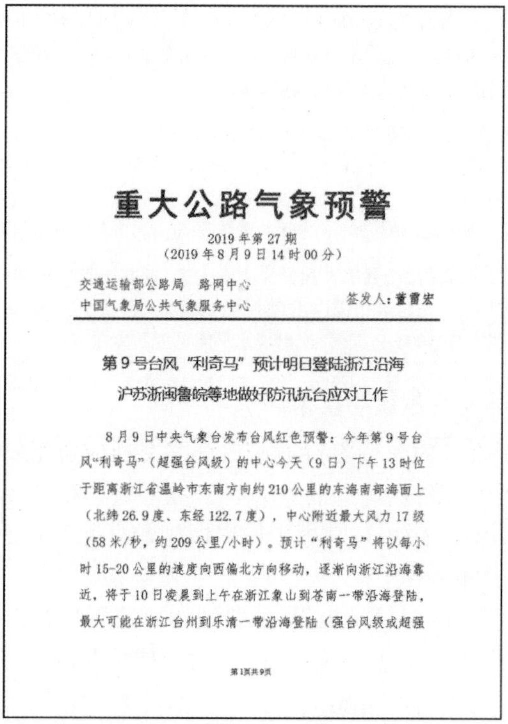

重大公路气象预警

2019 年第 27 期
（2019 年 8 月 9 日 14 时 00 分）

交通运输部公路局　路网中心
中国气象局公共气象服务中心　　签发人：董雷宏

第 9 号台风“利奇马”预计明日登陆浙江沿海
沪苏浙闽鲁皖等地做好防汛抗台应对工作

8 月 9 日中央气象台发布台风红色预警：今年第 9 号台风“利奇马”（超强台风级）的中心今天（9 日）下午 13 时位于距离浙江省温岭市东南方向约 210 公里的东海南部海面上（北纬 26.9 度、东经 122.7 度），中心附近最大风力 17 级（58 米/秒，约 209 公里/小时）。预计“利奇马”将以每小时 15-20 公里的速度向西偏北方向移动，逐渐向浙江沿海靠近，将于 10 日凌晨到上午在浙江象山到苍南一带沿海登陆，最大可能在浙江台州到乐清一带沿海登陆（强台风级或超强

第1页共9页

图 5-6　台风“利奇马”公路气象预警信息图

第三节　公路突发事件应急处置与协调

公路突发事件应急处置与协调是公路网监测与管理的重要职责之一，交通运输主管部门通过健全公路交通突发事件应急预案与跨部门应急协同联动机制，加强对应急保障能力建设的指导和监督，高效组织实施公路网应急处置、协调与指挥工作。各级路网运行管理单位、公路运营管理单位应当按照应急预案要求，加强应急物资储备、队伍建设、应急演练、业务培训及通信保障等工作，依据职责做好应急准备、应急响应与处置、应急总结与评估等工作，提升公路突发事件应急处置能力。

一、应急预案体系与管理组织体系

1. 公路交通突发事件应急预案体系

根据《公路交通突发事件应急预案》的规定，公路交通突发事件应急预案按照"预防为主、统一领导、分级负责、规范有序、协调联动"的工作原则开展，预案体系分为四个层面，主要包括：

（1）国家公路交通突发事件应急预案。交通运输部应对公路交通突发事件和指导地方公路交通突发事件应急预案编制的规范性文件，由交通运输部公布实施。

（2）地方公路交通突发事件应急预案。省、市、县级交通运输主管部门按照交通运输部制定的公路交通突发事件应急预案，在本级人民政府的领导和上级交通运输主管部门的指导下，为及时应对本行政区域内发生的公路交通突发事件而制订的应急预案，由地方交通运输主管部门公布实施。

（3）公路交通企事业单位突发事件预案。公路管理机构、公路交通企业等根据国家及地方公路交通突发事件应急预案的要求，结合自身实际，为及时应对可能发生的各类突发事件而制订的应急预案，由各公路交通企事业单位实施。

（4）应急预案操作手册。各级交通运输主管部门、公路交通企事业单位可根据有关应急预案要求，制订与应急预案相配套的工作程序文件。

2. 公路交通突发事件应急组织管理体系

根据《公路交通突发事件应急预案》的规定，公路交通应急组织体系由国家、省、市和县四级组成。其中，国家应急组织机构由交通运输部负责全国公路交通突发事件应急处置工作的协调、指导和监督。地方交通运输主管部门负责本行政区域内相应级别公路交通突发事件应急处置工作的组织、协调、指导和监督。省、市、县级交通运输主管部门可参照国家应急组织机构组建模式，根据本地区实际情况成立应急组织机构，明确相关职责。

交通运输部在启动公路交通突发事件应急响应时，同步成立交通运输部应对 XX 事件应急工作领导小组（以下简称"部应急领导小组"）。部应急领导小组是公路交通突发事件的指挥机构，由交通运输部部长或者经部长授权的分管部领导任组长，分管部领导或者公路局局长

及办公厅主任、应急办主任任副组长,交通运输部相关司局及部路网中心负责人为成员。部应急领导小组主要职责如下:

(1)负责组织协调公路交通突发事件的应急处置工作,发布指挥调度命令,并督促检查执行情况。

(2)根据国务院要求或者根据应急处置需要,成立现场工作组,并派往突发事件现场开展应急处置工作。

(3)根据需要,会同国务院有关部门,制订应对突发事件的联合行动方案,并监督实施。

(4)当突发事件由国务院统一指挥时,部应急领导小组按照国务院的指令,执行相应的应急行动。

(5)决定公路交通突发事件应急响应终止。

(6)其他相关重大事项。

部应急领导小组下设综合协调组、抢通保通组、新闻宣传组、运输保障组、通信保障组等应急工作组。应急工作组由部相关司局和单位组成,在部应急领导小组统一领导下具体承担应急处置工作,并在终止应急响应时宣布取消。应急工作组组成人员,由各应急工作组组长根据应急工作需要提出,报部应急领导小组批准。视情况成立专家咨询组、现场工作组和灾情评估组,在部应急领导小组统一协调下开展工作。

3.国家公路应急日常组织管理

根据《公路交通突发事件应急预案》的规定,部路网中心作为国家公路交通应急日常机构,在交通运输部领导下开展工作。

日常状态时,部路网中心主要承担国家高速公路网、重要干线公路及特大桥梁、长大隧道的运行监测及有关信息的接收、分析、处理和发布,承担全国公路网运行监测、应急处置技术支持等相关政策、规章制度、标准规范的研究、起草工作,承担全国公路网运行监测、重大突发事件预警与应急处置等信息平台的管理和维护,组织公路交通应急培训,参与组织部省联合应急演练,承担应急咨询专家库的建设与管理,承担国家区域性公路交通应急装备物资储备运行管理有关工作等。

应急状态时,在部应急领导小组统一领导下,部路网中心主要承担全国公路网运行统筹调度、跨省公路绕行、应急抢修保通等事项的组织与协调的有关业务支撑工作,承担与地方公路交通相关机构的联络和全国公路交通突发事件应急信息的内部报送等。

二、应急事件级别与响应流程

1.公路交通突发事件定义

根据《公路交通突发事件应急预案》的规定,公路交通突发事件是指由于自然灾害、事故等原因引发,造成或者可能造成公路交通运行中断,需要及时进行抢修保通、恢复通行能力,以及由于重要物资、人员运输特殊要求,需要提供公路应急通行保障的紧急事件。

2.公路交通突发事件分级

按照性质类型、严重程度、可控性和影响范围等因素,公路交通突发事件分为Ⅰ级(特别重大)、Ⅱ级(重大)、Ⅲ级(较大)和Ⅳ级(一般)四个等级,具体内容见表5-8。

公路交通突发事件等级标准 表5-8

等 级	突发事件的严重程度及影响范围
Ⅰ级 (特别重大)	有下列情形之一的,为Ⅰ级公路交通突发事件: ①造成高速公路、普通国道交通中断,出现大量车辆积压,并影响到周边省域高速公路、普通国道正常运行,且抢修、处置时间预计在48h以上的。 ②造成国道、省道特大桥梁、特长隧道垮塌,或者造成公路桥梁、隧道、边坡等构造物垮塌并导致30人以上死亡或者失踪的。 ③因重要物资缺乏等原因可能严重影响全国或者大片区经济整体运行和人民正常生活,需要紧急安排跨省域公路应急通行保障的。 ④其他需要由交通运输部提供公路交通应急保障的
Ⅱ级 (重大)	有下列情形之一的,为Ⅱ级公路交通突发事件: ①造成国道、省道交通中断,出现大量车辆积压,且抢修、处置时间预计在24h以上的。 ②造成国道、省道大桥、中长隧道发生垮塌,或者造成公路桥梁、隧道、边坡等构造物垮塌并导致10人以上30人以下死亡或者失踪的。 ③因重要物资缺乏等原因可能严重影响省域内经济整体运行和人民正常生活,需要紧急安排跨市域公路应急通行保障的。 ④其他需要由省级交通运输主管部门提供公路交通应急保障的
Ⅲ级 (较大)	有下列情形之一的,为Ⅲ级公路交通突发事件: ①造成国道、省道交通中断,出现车辆积压,且抢修、处置时间预计在6h以上的。 ②造成县道、乡道交通中断,出现车辆积压,且抢修、处置时间预计在24h以上的。 ③造成国道、省道中桥、短隧道或者县道、乡道中型以上桥梁、隧道发生垮塌,或者造成公路桥梁、隧道、边坡等构造物垮塌并导致3人以上10人以下死亡或者失踪的。 ④因重要物资缺乏等原因可能严重影响市域内经济整体运行和人民正常生活,需要紧急安排跨县域公路应急通行保障的。 ⑤其他需要由地方交通运输主管部门提供公路交通应急保障的
Ⅳ级 (一般)	有下列情形之一的,为Ⅳ级公路交通突发事件: ①造成县道、乡道交通中断,出现车辆积压,且抢修、处置时间预计在12h以上的。 ②造成国道、省道、县道、乡道桥梁、隧道发生垮塌,或者造成公路桥梁、隧道、边坡等构造物垮塌并导致3人以下死亡或者失踪的。 ③因重要物资缺乏等原因可能严重影响县域内经济整体运行和人民正常生活,需要在县域内紧急安排公路应急通行保障的。 ④其他需要由地方交通运输主管部门提供公路交通应急保障的

注:1. 表中所称以上包括本数,以下不包括本数。
2. 公路交通突发事件同时符合表中所列多个分级情形的,按照最高级别认定。

3. 公路交通突发事件应急响应分级

公路交通突发事件应急响应分为部、省、市、县四级部门响应。交通运输部应急响应分Ⅰ级和Ⅱ级,省、市、县级部门应急响应一般可分为Ⅰ级、Ⅱ级、Ⅲ级和Ⅳ级四个等级。

(1)Ⅰ级公路交通突发事件分级响应。

发生Ⅰ级公路交通突发事件时,由交通运输部启动并实施Ⅰ级应急响应,相关省、市、县级交通运输主管部门分别启动并实施本级部门Ⅰ级应急响应。

(2)Ⅱ级公路交通突发事件分级响应。

发生Ⅱ级公路交通突发事件时,由省级交通运输主管部门启动并实施省级部门应急响应,相关市、县级交通运输主管部门分别启动并实施本级部门应急响应,且响应级别不应低于省级部门应急响应级别。

(3) Ⅲ级公路交通突发事件分级响应。

发生Ⅲ级公路交通突发事件时,由市级交通运输主管部门启动并实施市级部门应急响应,相关县级交通运输主管部门启动并实施县级部门应急响应,且响应级别不应低于市级部门应急响应级别。

(4) Ⅳ级公路交通突发事件分级响应。

发生Ⅳ级公路交通突发事件时,由县级交通运输主管部门启动并实施县级部门应急响应。

(5) 专项响应。

发生Ⅱ、Ⅲ、Ⅳ级公路交通突发事件时,按照国务院部署,根据省级交通运输主管部门请求,或者根据对省、市、县级部门应急响应工作的重点跟踪,交通运输部可视情启动Ⅱ级应急响应,指导、支持地方交通运输主管部门开展应急处置工作。

指导、支持措施主要包括:派出现场工作组或者有关专业技术人员并给予指导;协调事发地周边省份交通运输主管部门、武警交通部队并给予支持;调用国家区域性公路交通应急装备物资储备并给予支持;在资金等方面给予支持。

4. 公路交通突发事件应急启动响应流程

根据《公路交通突发事件应急预案》的规定,交通运输部Ⅰ级应急响应启动程序包括:

(1) 部路网中心接到突发事件信息报告后,及时核实有关情况,报部公路局、应急办。

(2) 由交通运输部公路局会商应急办提出启动Ⅰ、Ⅱ级应急响应建议。

(3) 拟启动Ⅰ级应急响应的,经分管部领导同意,报请部长核准后启动,同步成立部应急领导小组,各应急工作组、部路网中心等按照职责开展应急工作,并将启动Ⅰ级应急响应有关信息按规定报中办信息综合室、国务院总值班室,抄送应急协作部门,通知相关省级交通运输主管部门。

(4) 拟启动Ⅱ级应急响应的,经分管部领导同意后启动,同步成立部应急领导小组,并按照需要成立相应应急工作组。部应急领导小组组成人员报部长核准。

(5) Ⅱ级应急响应启动后,发现事态扩大并符合Ⅰ级应急响应条件的,按照前项规定及时启动Ⅰ级应急响应。

(6) 应急响应启动后,应及时向社会公布。

省、市、县级交通运输主管部门根据本地区实际情况,制订本级部门应急响应等级、响应措施及启动程序。省级交通运输主管部门启动Ⅲ级及以上公路交通突发事件应急响应的,应报部路网中心。公路交通突发事件应急响应流程详见图5-7所示。

5. 公路交通突发事件应急终止响应流程

根据《公路交通突发事件应急预案》的规定,公路交通突发事件Ⅰ级应急响应终止程序如下:

(1) 部路网中心根据掌握的事件信息,并向事发地省级交通运输主管部门核实公路交通基本恢复运行或者公路交通突发事件得到控制后,报部应急领导小组。

(2) 由抢通保通组会商综合协调组提出终止Ⅰ、Ⅱ级应急响应建议和后续意见。

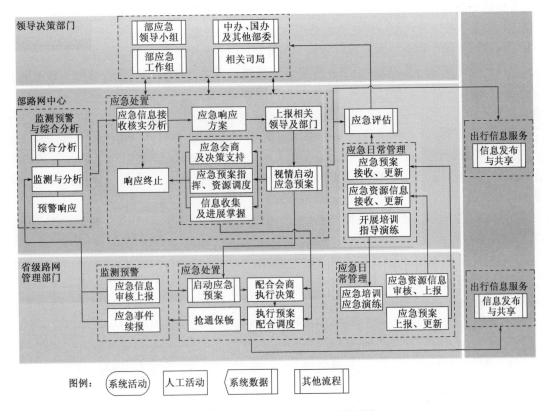

图5-7 公路交通突发事件应急响应流程图

(3)拟终止Ⅰ级应急响应的,经部应急领导小组组长同意后终止,或者降低为Ⅱ级应急响应,转入相应等级的应急响应工作程序,同步调整部应急领导小组及下设工作组。

(4)拟终止Ⅱ级应急响应的,经部应急领导小组组长同意后终止。

(5)终止应急响应或降低响应等级的有关信息,按规定报中办信息综合室、国务院总值班室,抄送应急协作部门,通知相关省级交通运输主管部门。

(6)省、市、县级交通运输主管部门根据本地区实际情况,制订本级部门应急响应终止程序。

6.公路交通突发事件应急总结

公路交通突发事件的事发地交通运输主管部门应当按照有关要求,及时开展灾后总结评估工作,准确统计公路基础设施损毁情况,客观评估应急处置工作成效,深入总结存在问题和下一步改进措施,并按规定向本级人民政府和上级交通运输主管部门上报总结评估材料。

三、应急响应措施与工作要求

1.应急响应主要措施

1)在公路交通突发事件响应期间,各级路网运行管理机构应做好以下工作:

(1)实行全日制值班值守工作,定期报告并分析应急信息,开展研判会商,发布信息。

（2）参与制订应急处置工作方案并实施，承担公路网统筹调度、通行资源调配、绕行分流、抢修保通、通行保障等应急响应工作的组织与协调，并跟踪落实。

（3）会同有关单位保障突发事件现场与指挥决策部门的通信信息传输及跟踪落实。

（4）涉及关闭省际公路的，相邻省份的省级路网运行管理单位应当联合公路运营管理单位、交通运输执法及公安交管等部门共同制订疏导方案，确定分流路线，落实相关响应措施，并通报部路网中心。必要时有关省份可向部路网中心申请统筹协调跨区域应急响应工作。

（5）发生特别重大公路交通突发事件，以及省级交通运输主管部门请求由交通运输部指导、支持处置的公路交通突发事件或者其他紧急事件时，按照应急预案启动应急响应，视情紧急调拨国家区域性公路交通应急物资，并在应急资金、物资装备、应急队伍、区域联动等方面给予协调和支持。

2）在公路交通突发事件响应期间，各级交通运输主管部门、公路运营管理单位应当做好以下工作：

（1）对受损、阻塞的公路基础设施进行抢修、抢通，保障公路基本通行条件。

（2）设置警示警告标志，采取措施防止危险源或危险区域发生次生、衍生灾害。

（3）实行全日制应急值守工作，开展巡查监测，及时报告应急处置进展情况。

（4）保障应急救援车辆通过收费站专用通道的畅通。

（5）落实相关部门关于控制、减轻、消除突发事件危害和响应措施的有关要求。

（6）需要跨省份应急处置的，相关省级交通运输主管部门应当做好支持配合工作。

2. 重要信息报告与处理要求

（1）交通运输部按有关规定向党中央、国务院及时报送突发事件信息。

（2）交通运输部和应急协作部门建立部际信息快速通报与联动响应机制，明确各相关部门的应急日常管理机构名称和联络方式，确定不同类别预警与应急信息的通报部门，建立信息快速沟通渠道，规定各类信息的通报与反馈时限，形成较为完善的突发事件信息快速沟通机制。

（3）交通运输部和省级交通运输主管部门建立完善部省公路交通应急信息报送与联动机制，部路网中心汇总上报公路交通突发事件信息，并及时向可能受影响的省（自治区、直辖市）发布。

（4）交通运输部应急响应启动后，事件所涉及省份的相关机构应将应急处置工作进展情况及时报部路网中心，并按照"零报告"制度，形成定时情况简报，直到应急响应终止，具体报送程序、报送方式按照《交通运输突发事件信息报告和处理办法》《交通运输部公路交通阻断信息报送制度》等相关规定执行。部路网中心应及时将进展信息汇总形成每日公路交通突发事件情况简报，上报部应急领导小组。省、市、县级部门应急响应的信息报送与处理，参照交通运输部应急响应执行。信息报告内容包括事件的类型、发生时间、地点、发生原因、影响范围和程度、发展势态、受损情况、已采取的应急处置措施和成效、联系人及联系方式等。

（5）省级交通运输主管部门制订本地信息报送内容要求与处理流程。

四、应急管理保障与支撑工作

1. 公路应急队伍建设

公路各级交通运输主管部门按照"统一指挥、分级负责，平急结合、协调运转"的原则建立公路交通突发事件应急队伍。截至2018年底,部分地区公路应急救援队伍建设情况如表5-9所示。

(1)国家公路交通应急队伍。

武警交通部队纳入国家应急救援力量体系,作为国家公路交通应急抢险救援、抢通保通队伍,兵力调动使用按照有关规定执行。

(2)地方公路交通应急队伍。

地方交通运输主管部门应当根据路网规模、结构和易发突发事件特点,负责本地应急抢险救援、抢通保通队伍的组建和日常管理。应急队伍可以专兼结合,充分吸收社会力量参与。

(3)社会力量动员与参与。

地方交通运输主管部门应根据本地区实际情况和突发事件特点,制订社会动员方案,明确动员的范围、组织程序、决策程序。在公路交通自有应急力量不能满足应急处置需求时,向本级人民政府提出请求,动员社会力量或协调其他专业应急力量参与应急处置工作。

部分省级公路应急队伍建设情况表　　　　　　　　　　　表5-9

序号	省(自治区、直辖市)	高速公路应急队伍(人/支)	国省干线应急队伍(人/支)
1	北京	9	24
2	天津	24	14
3	辽宁	16	150
4	吉林	372	12
5	江苏	—	13
6	浙江	142	93
7	安徽	300	87
8	河南	268	60
9	广西	74	93
10	四川	2115	305
11	重庆	23	45
12	贵州	146	—
13	云南	19	480
14	甘肃	446	16
15	青海	17	40
16	宁夏	19	

2. 公路交通应急装备物资储备

建立实物储备与商业储备相结合、生产能力储备与技术储备相结合、政府采购与政府补贴相结合的应急装备物资储备方式,强化应急装备物资储备能力。储备装备物资时,应统筹考虑交通战备物资储备情况。公路交通应急装备物资储备体系由国家、省、市三级公路交通应急装备物资储备中心(点)构成。

(1)国家区域性公路交通应急装备物资储备中心。

按照"统一规划、部省共建、布局合理、规模适当"的原则,建立国家区域性公路交通应急装备物资储备中心,由交通运输部负责总体规划,其所在地省级交通运输主管部门负责建设和管理。交通运输部应当定期对国家区域性公路交通应急装备物资储备中心的整体布局进行后评估,对布点和规模及时调整完善。

(2)省、市级公路交通应急装备物资储备中心(点)。

省、市级交通运输主管部门应当根据本地区易发公路交通突发事件的类型特点及分布规律,结合公路抢通和应急运输保障队伍的分布,依托公路管理机构、公路经营企业和公路养护施工企业的各类设施资源,合理布局、统筹规划建设省、市级公路交通应急装备物资储备中心(点)。

(3)公路交通应急装备物资储备中心(点)应当建立完善的各项应急物资管理规章制度,制定采购、储存、更新、调拨、回收各个工作环节的程序和规范,加强装备物资储备过程中监管,防止储备装备物资被盗用、挪用、流失和失效,对各类物资及时予以补充和更新。当本级应急装备物资储备在数量、种类及时间、地理条件等受限制的情况下,需要调用上一级应急装备物资储备中心(点)的装备物资储备时,由上一级交通运输主管部门下达调用指令;需要调用国家区域性公路交通应急装备物资储备中心的装备物资储备时,由交通运输部下达调用指令。

3. 公路交通应急通信与科技保障

各级交通运输主管部门应当在充分整合现有交通通信信息资源的基础上,加快建立和完善"统一管理、多网联动、快速响应、处理有效"的公路交通应急通信系统,确保公路交通突发事件应对工作的通信畅通。应当建立健全公路交通突发事件技术支撑体系,加强突发事件管理技术的开发和储备,重点加强智能化的应急指挥通信、预测预警、辅助决策、特种应急抢险等技术装备的应用,建立突发事件预警、分析、评估、决策支持系统,提高防范和处置公路交通突发事件的决策水平。

各级交通运输主管部门应当建立包括专家咨询、知识储备、应急预案、应急队伍与装备物资资源等数据库。公路交通应急抢险保通和应急运输保障队伍,以及装备物资的数据资料应当每年更新一次。公路数据库、农村公路数据库、交通移动应急通信指挥平台数据库、交通量调查数据库等交通运输各业务数据库应当为公路交通突发事件处置工作提供数据支持。在交通运输部启动防御响应或应急响应后,相关数据库维护管理单位应当为应急处置工作提供必要的技术支撑,并安排专职应急值班人员。

4. 公路交通应急演练与培训

交通运输部会同有关单位制订部省联合应急演练计划并组织开展实地演练与模拟演练相结合的多形式应急演练活动。地方交通运输主管部门要结合所辖区域实际,有计划、有重点地组织应急演练,地方公路交通突发事件应急演练至少每年进行一次,突发事件易发地应当经常组织开展应急演练。应急演练结束后,演练组织单位应当及时组织演练评估。鼓励委托第三方进行演练评估。

各级交通运输主管部门应当将应急教育培训纳入日常管理工作,应急保障相关人员至少每两年接受一次培训,并依据培训记录,对应急人员实行动态管理。

五、重大社会活动区域路网应急保障示例

1. 四川九寨沟 7.0 级地震应急处置工作

2017 年 8 月 8 日 21 时 19 分四川阿坝州九寨沟县(北纬 33.20°,东经 103.82°)发生 7.0 级

地震,震源深度20km。受地震影响,G213线K769+700(石大关旧关楼)、G544线(原S301线)九寨沟漳扎镇(沟口)至九寨天堂段多处路段塌方中断。灾情就是命令,地震发生后,在交通运输部统一指挥下,48h内有关部门开展如下Ⅱ级应急响应工作:①立即进入应急值班状态,加强值班值守力量,实行24h领导带班。②立即建立与四川、甘肃等省沟通联络机制,密切联系相关部门,及时了解震区公路运行情况。③抓紧赶制"四川九寨沟7.0级地震路网运行情况应急处置和绕行路线图"等,为指挥决策提供参考依据。④立即与中央气象台开展地震灾区公路气象会商,密切关注震区道路通行及天气情况,开展四川九寨沟7.0级地震专题公路气象预报。⑤做好出行信息发布引导工作。积极通过中央人民广播电视总台、中国交通报新媒体、交通运输部微信公众号、中国路网微信公众号等多种媒体渠道发布信息。

2. 2016年G20杭州峰会区域路网保障工作

2016年9月4—5日,杭州成功举办了二十国集团领导人第十一次峰会(即"G20杭州峰会")。党中央、国务院高度重视G20杭州峰会各项保障工作,提出了G20杭州峰会"安全保障工作100-1=0"的重要指示精神。作为交通运输领域安全保障与公众出行服务的重要方面,部省两级路网运行管理单位主动作为,第一次联合开展跨区域、跨部门重大社会活动区域路网运行服务保障工作,为开展全国公路网运行监测与管理工作提供了宝贵经验。

G20杭州峰会区域路网运行服务保障工作涉及"五省一市"的高速公路、普通干线公路,路网范围广、保障难度高,跨区域的路网协调联动任务重,必须要依靠一套强有力的工作机制与组织保障方式,才能确保各项任务落实到位,万无一失。为此,交通运输部公路局、路网中心在积极参考浙江地方交通组织管控与公路保障工作措施的基础上,会同"五省一市"联合制订并印发《G20杭州峰会长三角区域路网运行服务保障工作总体方案》,创造性地提出并建立"G20杭州峰会部省区域路网运行联席会议制度",以确保峰会期间沪苏浙皖闽赣区域路网运行能够在统一的指挥体系下、统一的工作制度下、统一的业务流程下开展运行监测、应急处置与信息发布等服务保障工作,成功地建立区域路网协同保障与会商机制,为此次G20杭州峰会区域路网运行服务保障工作留下宝贵经验。

多层面、多途径、多方式开展G20杭州峰会期间的公路出行信息服务是此次工作的主要亮点。为保障G20杭州峰会顺利进行,部路网中心联合"五省一市"路网运行管理单位制订了《G20杭州峰会出行信息服务指南》,详细介绍具体的交通分流管控、绕行路线、车辆限行及减免通行费政策等。例如:上海、福建将《G20杭州峰会出行信息服务指南》制作成图文并茂且便于驾乘人员使用的小册子,在咨询台、收费站、服务区等地现场发放,同时利用广播电视、微博微信、网站平台、可变信息标志板等多途径、多方式对实时路况信息更新宣传,如图5-8所示。此外,浙江省公路部门按照确定的路网分流路线,联合公安部门制订并实施了"G20杭州峰会交通标志总体方案",并联合沪苏皖闽赣公路部门在入浙的主要通道和邻省相关路段,共同设置了各类提示标志3000余块,确保途经沿线的驾乘人员及时了解峰会期间路网运行情况。

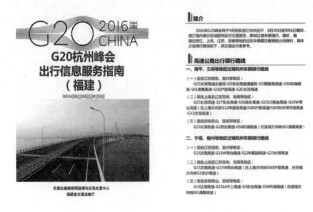

图 5-8 《G20 杭州峰会出行信息服务指南》

第四节 公路交通出行服务

各级交通运输主管部门、路网运行管理单位、公路运营管理单位应当加强出行服务制度及标准规范建设,丰富服务内容、细化服务举措、提高服务质量,鼓励引入社会力量开展市场化、个性化出行服务工作,持续提升国家公路网通行效率和服务水平。

一、以 ETC 为主的全国收费公路联网收费服务

部路网中心承担不停车收费客户服务体系建设,组织、协调跨省(自治区、直辖市)联网收费结算等工作。收费公路运营管理单位应当向社会公众提供 ETC 以及多种支付手段融合应用的收费服务,并按照规定加强工作人员业务培训,做到文明礼貌、服务规范,保障车辆通过收费服务设施及收费站点时的安全、有序、快速通行。

截至 2018 年底,全国收费公路联网运营的 29 省(自治区、直辖市)共有收费站 9322 个,同比增长 8.21%;ETC 专用车道 19674 条,约占车道总量的 23.9%;2018 年度新增 ETC 专用车道 2693 条,同比增长 13.76%;全网范围内主线收费站 ETC 车道覆盖率为 98.94%。匝道收费站 ETC 车道覆盖率为 96.96%;建成 ETC 自营服务网点 1574 个,ETC 合作代理网点 58632 个,各类 ETC 服务终端 48988 个。具体情况详如图 5-9 所示。

截至 2018 年底,全国 ETC 用户中,客车用户约为 7133.5 万,占 ETC 用户总量 93.18%,货车用户约为 522.2 万,占用户总量的 6.82%;记账卡用户约为 4646.2 万,占 ETC 用户总量 60.7%,储值卡用户约为 3009.5 万,占 ETC 用户总量 39.3%。ETC 套装用户约为 6623.9 万,占 ETC 用户总量 86.5%,单卡用户约为 1031.9 万,占 ETC 用户总量 13.5%。2018 年,ETC 合作机构发行用户约为 5545.1 万,占 ETC 用户总量 72.4%,自主发行用户约为 2110.6 万,占 ETC 用户总量 27.6%。ETC 用户构成情况如图 5-10 所示。

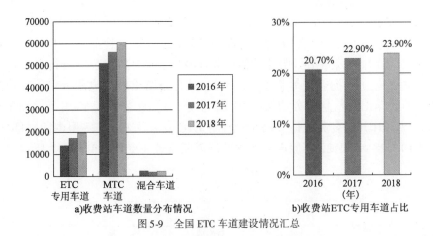

图 5-9 全国 ETC 车道建设情况汇总

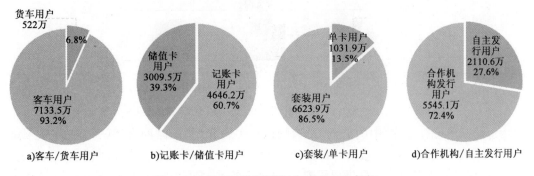

图 5-10 全国 ETC 用户情况汇总（截至 2018 年底）

全国联网 29 各省（自治区、直辖市）ETC 总交易量达到 107.98 亿笔、总交易额 5327.43 亿元。其中，非现金交易量达到 41.71 亿笔、交易额 2414.02 亿元。此外，全国联网收费结算清分系统平稳运行，2018 年全年累计完成跨省清分结算约 7.58 亿笔、1077.84 亿元，清分结算实时率 100%、准确率 100%。此外，ETC 的持续发展有效缓解收费站拥堵。经测算，2018 年全国 ETC 联网运行节约车辆通行时间约 2002.5 万 h、节约车辆燃油约 13.2 万 t、减少污染物排放超过 4.1 万 t，如图 5-11 所示。

	2016年	2017年	2018年	2018年较2017年
节约时间（万h）	1314	1693	2002.5	↑ 18.3%
节约车辆燃油（万t）	8.7	11.2	13.2	↑ 18.3%
减少污染物排放（万t）	2.7	3.4	4.1	↑ 18.3%

图 5-11 ETC 节能减排领域社会效益情况

二、以路况信息为主的全国公路出行信息服务

各级路网运行管理单位、公路运营管理单位应当细化信息发布工作制度，明确发布内容、流程、方式及时间，及时将监测预警、应急处置、出行服务等工作中获取的服务信息通过便捷有效的方式及时向社会公众发布。鼓励开展跨部门、跨区域出行信息发布，鼓励联合社会力量建

设出行信息共享平台,共建多源、融合的出行信息服务发布系统。

截至2018年底,全国31个省(自治区、直辖市)交通运输主管部门均开通了公路出行服务网站(网页),共计开通公路出行服务功能网站110个,可为高速公路出行者提供全方位路况信息、路线规划、电子地图查询等服务;共计开通具有公路出行信息服务功能新浪微博账号71个,开通具有公路出行信息服务功能(含ETC业务)微信账号134个,开通公路出行服务移动客户端46个;共计开通客服电话号码82个(含ETC客服及12328客服电话),部分省(自治区、直辖市)的12328与12122客服电话实现并线或联合统一受理,如图5-12所示。

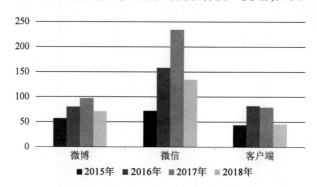

图5-12 2015—2018年线上平台公路出行信息服务数量历年变化情况

由部路网中心打造的"中国路网"的微博微信平台和"中国路网直播间"建设初见成效。"中国路网"是交通运输部公路出行信息服务网站的代表平台,为公众及时提供实时公路路况、公路气象等服务以及节假日出行研判等,可查询各省(自治区、直辖市)服务电话和公路基础数据等信息,并同步发布于交通运输部官方网站"公路出行"板块,有效服务于公路出行。2018年,"中国路网"官方微博及微信公众号累计发布信息18500余条,关注人数突破25万人,总阅读量数超1亿余次,为出行者提供了及时有效的信息服务。同时"中国路网直播间"已正式入驻"央视新闻+"直播平台,实现视频直播资源互推共享,形成了以路网出行服务信息为主要内容,每周定期播出、突发事件实时插播的又一公路出行服务品牌,如图5-13所示。

图5-13 "中国路网直播间"实景图

2018年清明节假期,"中国路网直播间"首次在交通运输部综合应急指挥中心进行8h不间断路况直播。直播通过"央视新闻+"、央视新闻移动网、央视新闻今日头条等平台全面介绍假日期间全国路网运行情况。直播活动创新了服务模式，与北京、天津、河南、湖南、广州、云南、甘肃等7省(自治区、直辖市)进行现场连线，点击及观看人数累计约1112.83万人次，在"央视新闻+"当日全平台观看量排名第五。

三、以信用体系为目标的公路出行服务质量评价

各级交通运输主管部门、路网运行管理单位应当加强公路出行服务监管与评价工作，建立量化评价与信用指标体系，定期开展出行服务质量与信用评价工作，积极鼓励公众参与公路出行服务评价工作，鼓励公路出行服务评价结果与公路通行费标准采取动态挂钩机制。

近年来，部路网中心在组织行业服务产品质量评价的基础上，通过指标体系研究、专家评价、问卷调查、数据监测等方式，进一步细化四级评价指标、300余个评价参数，从内容形式、品牌建设、团队建设、传播效果等多个方面综合评价出行服务单位，专业发布了微博、微信公众号、手机客户端、路况服务电话、ETC线上平台、新媒体直播以及互联网信息客户端等七个质量评价榜单，通过服务质量评价，形成更加成熟、规范、系统的出行服务评价工作模式。评价范围逐步宽泛，指标体系逐步科学合理，垂直细分更加深入，排名设计更加人性客观，评价结果得到了行业内外普遍认可，具体评价见表5-10，代表性的出行服务平台见图5-14。

2018年出行信息发布服务效果排名榜单 表5-10

排名	微博	微信公众号	移动客户端	客服电话	ETC线上平台
1	甘肃高速	广东高速通	齐鲁通	福建12122	广东
2	安徽高速	中国路网	辽宁高速通	行云数聚95022	河南
3	山东高速出行服务	福建高速公路	广东高速通	河南12328	江苏
4	江苏高速96777	甘肃交通12328	河北高速通	贵州12328	山东
5	江西交通	河北高速	闽通宝	山东96659	湖北
6	江西交通12328	湖南高速公路	畅交通	辽宁96199	山西
7	重庆交通	甘肃高速96969	广东交通	甘肃96969	浙江
8	天津高速公路	辽宁高速通	湖南高速通	湖南96528	河北
9	四川交通	陕西交通12122	天津高速通	青海12328	天津
10	辽宁高速通	四川省交通运输厅	黔通途	江苏96777	陕西
11	重庆高速12122	广东交通	陕西高速通	陕西12122	重庆
12	吉林高速路况12122	宁夏路网	乐行上海	河北12328(96122)	湖南
13	辽宁公路	江苏高速96777	重庆交通	吉林12122	北京
14	湖南高速公路	青海路网	宁夏出行易	广东96998	内蒙古
15	江西高速	重庆交通	—	江西96122	辽宁

a) "中国路网"界面　　　　b) "黔通途"界面　　　　c) "e行江苏"界面

图5-14　"中国路网"、贵州"黔通途"与江苏"e行江苏"界面截图

第六章

公路网运行监测与管理技术体系

公路网运行监测与管理技术体系是智能交通系统的重要组成部分,依托"云网融合"技术按照数据流、业务流需求,主要介绍公路网运行状态感知技术、交通流状态研判与预测技术、公路网联动与协同运行控制技术、车路协同与自动驾驶辅助技术,并通过公路网运行云控平台进行技术集成与综合应用,实现公路网运行监测与管理的"网络化运行、自动化监测、智能化管理、精细化服务"的核心功能。

第一节　公路网运行状态多维感知技术

一、公路网设施安全状态感知技术

公路网设施安全感知主要包含公路桥梁安全健康监测、长大隧道安全运行监测以及公路路面技术状况监测。通过感知技术获取桥梁安全状况、隧道技术状况、公路设施技术状况等数据,全面掌握公路网设施的安全状况。

1.公路桥梁安全健康监测技术

由于桥梁工程结构的特殊性,一旦建成投入使用后,其自身的材料性能会不断退化,同时还会受到车辆自重车辆超载、风、地震等因素作用,从而导致其结构产生不同程度的损伤,严重者甚至会引发桥梁垮塌事故。因此,加强公路桥梁安全健康监测至关重要。目前,公路桥梁安全健康监测技术主要有声发射技术、卫星定位技术、无线传感网络技术等,见表6-1。

公路桥梁安全健康监测技术对比　　　表6-1

监测技术	监测内容	优　点	缺　点
声发射技术	结构损伤	成本低;对线性缺陷较为敏感;非接触性	易受外界因素干扰;易发生信号衰减;无法判断损伤性质
卫星定位技术	结构变形	不受气象条件影响;精度高;可以实时管理	成本高;不适用于小变形位移监测
无线传感器网络技术	结构损伤 结构变形	适应长期监测需要;稳定性好;可实现远程监测	网络节点不可再生;通信、数据聚类、数据管理易出现冲突

(1)声发射技术。

声发射是指材料变形或者破坏时积蓄起来的应变能所释放出来的声音传播的现象。声发射监测技术主要分为主动监测和被动监测两种方式。其中,主动监测是一种状态监测,旨在对桥梁结构监测过程中人为施加激励信号,通过接收传感器接收这些信号,进而分析判断结构中存在的缺陷或裂纹的扩展状况。被动监测是一种实时过程监测,指在无须人为激励的情况下,通过接收传感器直接监测桥梁在使用状态下由于外部荷载作用所释放的震源信号,再通过对震源信号的处理分析来评价桥梁的结构损伤状况。

(2)卫星定位技术(GPS或北斗)。

卫星定位主要通过利用卫星和接收机的双向通信来确定接收机的位置,具有全天候、连续、实时全球覆盖、同步测量等优点,可以实现对桥梁安全健康的毫米级监测。基于卫星定位的桥梁健康监测系统包括测量、信息收集、信息处理与分析和系统运作与控制四个子系统,其硬件设施包括卫星定位测量仪、信息收集总控制站、光纤网络、卫星定位计算机处理器等。

(3)无线传感器网络技术。

无线传感器网络是大量静止或移动的传感器以自组织或多跳方式构成的无线网络,其目的是协作地感知、采集、处理和传输网络覆盖地理区域内感知对象的监测信息。在桥梁结构健康监测中,各传感器节点大量布散在桥梁关键监测区域,传感器单元将采集到的数据传送给处理单元,处理单元完成数据处理和存储后,通过无线通信技术转发给网关节点,网关节点可通过多种方式将监测数据传送到监控中心,进而达到健康监测的目的。

2.公路隧道安全运行监测技术

公路隧道往往会由于地质条件、设计、施工、运营、维修管理等因素出现隧道病害问题,进而影响行车安全和缩短隧道寿命。因此,加强公路隧道安全运行监测至关重要。目前,常见的公路隧道安全运行监测技术主要有传感器监测技术、数字照相技术、三维激光扫描技术、手持病害记录技术等,可适用于渗漏水、衬砌裂缝、衬砌掉块或剥落、接缝张开、错台、纵向沉降、横向收敛、水平位移等常见的隧道病害。公路隧道主要监测技术对比如表6-2所示。

公路隧道主要监测技术对比　　　　表6-2

监测技术	仪器设备	监测内容	优点	缺点
隧道传感器技术	光纤传感器	结构变形	可实时监测;可实现特定监测	成本高;布设难度大
	倾角传感器	结构变形		
	渗漏水传感器	渗漏水		
数字照相技术	渗漏水识别照相机	渗漏水	分辨率高;病害识别精确	光源依赖严重
	裂缝识别照相机	裂缝		
三维激光扫描技术	定站式三维激光扫描	沉降、收敛、结构变形	点云数据信息丰富	后期处理量大;需人工搬运
手持病害记录技术及设备	手持病害记录仪	渗漏水、衬砌裂缝、衬砌掉块或剥落	人工巡检记录方便	需依赖人眼判断

(1)隧道传感器监测技术。

隧道传感器监测技术主要是利用传感器对隧道安全进行监测,根据传感器类别又可分为光纤传感器技术、倾角传感器技术及渗漏水传感器技术。

①光纤传感器的工作原理是将光源入射的光束经由光纤送入调制器,在调制器内与外界被测参数的相互作用下,使光的光学性质(如强度、波长、频率、相位、偏振态等)发生变化,形成被调制的光信号,再经过光纤送入光电器件、经解调器后获得被测参数,如图6-1所示。

②倾角传感器是运用惯性原理的一种加速度传感器,其工作基础原理是牛顿第二定律,主要应用在物体状态的水平监测,同时倾角传感器还可以用来测量相对于水平面的倾角变化量,从而可知相对位置变化量。

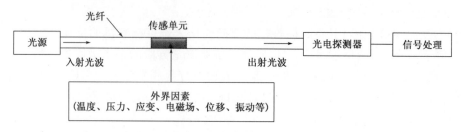

图 6-1 光纤传感器工作原理

③渗漏水传感器的工作原理是改变金属电极电阻,当测定液体接触到电极传感器表面时,传感器电阻发生变化,从而进行信息放大。通过信息的传输及处理能及时准确判断出渗漏水具体位置,从而保证了被监测区域安全。

(2)数字照相技术。

数字照相技术是通用性很强的非接触测量技术,该技术由图像采集硬件和图像分析软件两大部分组成,主要运用于公路隧道衬砌病害监测。数字照相测量的基本原理是利用图像相关分析,在满足相关性要求的试验照片序列中,首先在首张图像上设置量测像素点,然后在图像序列间进行像素点的位置跟踪,根据测点坐标的变化进行微小位移计算和连续累加,并利用变形解释方法进行应变计算,最后进行结果后处理和统计分析。数字照相技术的数字图像通常包含了位移、变形、裂隙、组构等信息,其变形分析结果通常由 PostViewer 进行绘制。

(3)三维激光扫描技术。

三维激光扫描技术是一种全自动高精度立体扫描技术,具有数据采样率高、速度快(1~1001万点/s)、精确度高(≤1mm)、受外界影响小等特点,主要运用于隧道全断面变形监测。三维激光扫描技术的工作原理是采用激光反射定位技术进行测量,扫描时三维激光扫描仪发射器先发出一个激光脉冲信号,经扫描物体表面漫反射后,沿几乎相同的路径反向传回到接收器,从而得到横向和纵向的扫描角度,并依据反射信号到达时间数据计算扫描对象与扫描仪的间距,最终自动计算扫描点相对于扫描仪的相对坐标。三维激光扫描技术的几何示意图如图 6-2 所示。

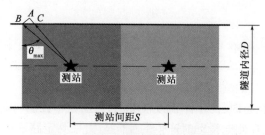

图 6-2 隧道三维激光扫描几何示意图

(4)手持病害记录技术及设备。

手持病害记录技术依赖于手持病害记录仪系统,该系统由两部分组成,包括基于 Android 平台的手持式病害记录仪(采集端)和基于 Web Service 技术的病害管理系统(云端)。采集端主要用于对隧道结构信息、区间信息、地层信息及周边环境信息进行数据标准化处理,依据病害调查现场实际作业流程将上述活动进行活化并存储;云端主要通过 Web Service 技术对调查成果进行远程统计分析,实现调查进度管理、数据查询、空间上横向数据统计对比、时间上纵向数据分析等功能,并定制各种图表及曲线查看方式。

3. 公路路面技术状况监测技术

公路路面技术状况监测技术可有效保证公路建设质量,可及时发现路面病害并采取措施进行维修,也是采集公路基础信息的重要途径。公路路面技术状况监测内容包括路面平整度、摩擦系数、厚度、破损情况、弯沉度五个监测内容。与监测内容相适应的监测技术一般分为四类:路面传感器监测技术、激光监测仪、雷达监测技术及数字照相监测技术。公路路面监测技术主要情况如表6-3所示。

公路路面监测技术的信息汇总　　　表6-3

监测技术	仪器设备	监测内容	应用
路面传感器技术	位移传感器	平整度	颠簸累积仪
	拉应力传感器	摩擦系数	横向力系数测试系统
	温度传感器	弯沉度	自动弯沉仪
激光监测技术	激光器	平整度	激光平整度仪
		弯沉度	激光弯沉仪
雷达监测技术	地质雷达	厚度	探地雷达
数字照相监测技术	道路视频监控摄像机	路面破损	路况摄像分析系统

(1)路面传感器监测技术。

主要是利用传感器对路面平整度、摩擦系数、弯沉度进行实时监测。根据传感器的类别又可分为位移传感器、拉应力传感器、温度传感器。

①位移传感器通常应用在颠簸累积仪中,用来检测路面的平整度。车载式颠簸累积仪可高效连续地采集和显示测试路段的断面信息,具有快速、操作简便等优点,其基本原理是通过测量该仪器的装载车在被测路面通过时车后轴与车厢的单向位移累积值来表征路面的平整度状况。通过安装位移传感器,用钢丝绳与后桥相连,另一端与传感器的定量位移轮连接,在车辆行驶时产生相对位移输出脉冲信号,并根据信号分析路面平整度。

②拉压力传感器是压力传感器,主要运用于横向力系数测试系统,用于测量路面摩擦系数。路面横向力系数测试系统是指在借助机械方法推动车轮转动的同时,给其施加阻力使车轮在滚动时产生滑溜,通过检测及计算所施加的水平阻力和轮的垂直重力比值,来作为路面摩擦系数。但在道路行车状态时,由于路拱或横坡的存在,汽车在刹车时各车轮的制动阻力不可能绝对相等,往往用车轮在侧向滑动时产生的横向阻力来测定路面摩擦系数。路面横向力系数测试原理如图6-3所示。

③温度传感器主要应用于自动弯沉仪中,用以测量路面弯沉度。常见的路面弯沉度测量仪为贝克曼梁,其使用方法如下:测量某处弯沉值时,将载重汽车开至被测位置,一侧后轮正好压在被测位置,将贝克曼梁置于后轮双轮的空隙处,沿车辆行驶方向放置,观察百分表,读取初值。然后将车辆慢慢移出,地面产生回弹,读取回弹后百分表显示的数值。直接测量的变形称为总弯沉,变形后的回弹量为回弹弯沉,其结果可以表现出路面的刚度和承载能力。

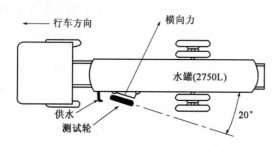

图 6-3 路面横向力系数测试原理图

(2)激光监测技术。

激光监测是非接触式检测技术,不影响被测物体的运动,具有精度高、测量范围大、检测时间短、空间分辨率高等特点,在路面技术状况监测中主要应用路面激光平整度仪及激光弯沉度仪来监测路面的平整度及弯沉度。

①路面激光平整度仪是快速实时检测各等级公路路面的平整度和构造深度等技术特性的仪器,能够为交竣工验收、预防性养护以及路面管理系统提供综合高效的数据支持。通常,路面激光平整度仪应用于测量弯曲、倾斜、旋转、排水等特殊路面,其分解精度可高达 0.25mm,生成的可靠性测量数据经专业软件处理,可输出计算表和波形图。

②激光弯沉测定仪是用来测定路面微小弯沉的仪器,这种微小弯沉一般在微米数量级。激光弯沉测定仪具有操作简易、精度高、读数稳定、体积小、质量轻等特点。该仪器用光电流的大小来测量路面实际回弹变形的数值,进而反映路面弯沉度。当光电流小时,落入小孔的激光量也少,说明路面回弹变形小;而光电流大时,落入小孔的激光量增大,则意味着路面的回弹变形增大。

(3)雷达监测技术。

雷达监测是一种高频电磁波发射与接收技术。雷达波由自身激振产生,直接向路面路基发射射频电磁波,通过波的反射与接收获得路面路基的采样信号,再经过硬件、软件及图文显示系统得到检测结果。雷达监测技术在路面技术状况监测中主要应用探地雷达系统来监测路面厚度。探地是一种无损探测技术,具有探测速度快、探测过程连续、分辨率高、操作方便灵活、探测费用低等优点,其工作原理是采用天线向探测目标发射高频脉冲电磁波来进行探测。

(4)数字照相监测技术。

数字照相以高速摄像为主,常见于路况摄像分析系统,主要用于分析路面破损,该技术具有对辅助设备依赖小、易操作、费用低、适应长距离、高效等优点。数字照相监测的工作原理是利用车载工业高速摄像机识别并记录路面表面破损及病害,然后通过计算机快速图像处理和统计学方法对路面破损及病害进行分析和统计。

二、公路网交通流信息感知技术

交通流信息采集是公路网运行监测与管理系统的重要组成部分。交通流数据的采集方式一般为两种:基于固定终端的交通流信息采集和基于移动终端的交通流信息采集。

1. 基于固定终端交通流信息采集技术

基于固定终端交通流信息采集技术是指利用位置固定的定点监测器获取交通流数据，主要包括环形感应线圈监测技术、视频车辆监测技术、地磁传感技术、微波车辆监测技术等，如表6-4所示。

基于固定终端交通流信息采集技术对比　　　　　表6-4

监测技术	主要监测指标	优点	缺点
环形感应线圈监测技术	车速、车流量、行车时距、行车方向	精度高、技术成熟；成本低；环境适应力强	需破路施工；损坏不易维修；维护成本高
视频车辆监测技术	车速、车流量、行车方向、停车情况、交通拥堵情况	安装便利；监测数据丰富；软件易于控制升级	受天气条件影响大；车辆易互相遮挡漏检
地磁传感技术	车速、车流量、行车时距、行车方向、停车情况、交通拥堵情况	精度高、成本低；使用寿命长；环境适应力强	需封闭车道进行安装
微波车辆监测技术	车速、车流量、车道占用率	路测监测、环境适应力强	安装易受高度限制；精度受车型影响大

(1) 环形感应线圈监测技术。

环形线圈车辆监测器是用感应线圈来监测车辆速度的监测器，可获得监测断面交通流量、占有率、速度等数据，是一种应用广泛的监测设备。环形线圈车辆监测器基本原理为：在同一车道的道路路基段埋设一组(2个)感应线圈，每组感应线圈与多通道车辆监测器相连。当车辆分别经过两个线圈时，由于线圈电感量的变化，车辆的通过状态将被监测到，同时状态信号传输给车辆监测器，由其进行采集和计算。

(2) 视频车辆监测技术。

视频车辆监测器是采用视频图像处理技术实现某项交通流参数监测或者某项交通事件监测的设备。视频车辆监测器主要由外场摄像机、数据传输设备和视频处理器组成。外场摄像机将公路某一个方向断面的交通图像拍摄下来，然后经数据传输设备传给视频处理器。视频处理器的图像处理硬件把图像通过互动控制软件在交通图像上设置虚拟线圈和粗线条，作为速度监测器和计数监测器。当车辆通过虚拟线圈和粗线条时就会产生监测信号，经过视频处理软件的分析和处理，即可得到车速、交通量等参数。

(3) 地磁传感技术。

地磁传感器是地磁传感技术数据采集系统的关键部分，传感器的性能对数据采集系统的准确性起决定作用。各向异性磁阻传感器由薄膜合金(透磁合金)制成，利用载流磁性材料在外部磁场存在时电阻特性将会改变的基本原理进行磁场变化的测量。当传感器接通以后，假设没有任何外部磁场，薄膜合金会有一个平行于电流方向的内部磁化矢量。地磁传感器主要用于监测车辆的存在和车型识别。

(4) 微波车辆监测技术。

微波车辆监测器是一种利用数字雷达波监测技术实时监测交通流量、平均车速、车型及车道占用率等交通数据的产品，广泛应用于高速公路、城市道路、桥梁等的全天候交通监测。微波车辆监测器的监测原理是:将特定区域的所有车型假定为一个固定的车长,通过感应投影区域内车辆的进入与离开经历的时间来计算车速。

2. 基于移动终端的交通流信息采集技术

基于移动终端的交通流信息采集技术即基于位置不断变化的车辆来获得实时行车速度和旅行时间等交通信息。动态采集的典型方式包括基于卫星定位的交通信息采集技术、基于DSRC的交通信息采集技术、基于移动通信网络的交通信息采集技术等。

(1)基于卫星定位的交通信息采集技术。

卫星定位具有全方位、实时定位、精确导航等优势,广泛应用于车辆的定位、跟踪等方面。基于卫星定位的交通信息采集技术是在车辆上配备卫星定位接收装置,以一定的采样间隔记录车辆的三维位置坐标(经度坐标、纬度坐标、高度坐标)和时间信息,信息传入计算机后与地理信息系统的电子地图相结合,经过重叠分析可计算出行程时间和行程速度。

(2)基于DSRC的交通信息采集技术。

DSRC是一种专用于交通领域的短程通信系统,它可为车辆与路边设施提供单项或双向交互式通信,从而使车辆能享用交通信息网络中的各种资源,同时为交通信息采集提供一种新的方式。该技术融合了现代通信技术和计算机技术,使路边单元(RSU)和车载单元(OBU)通过DSRC实现高速交换信息,能够完成对移动车辆的自动识别并实施相应的管控措施。实施DSRC的区域,除了能得到断面的交通流数据外,还可以获取车辆的出行链数据,可以作为路网运行系统优化的重要数据。

(3)基于移动通信网络的交通信息采集技术。

基于移动通信网络的交通信息采集技术的基本原理是利用移动通信网络的蜂窝结构,通过手机的定位信息来推算车流状况,从而获取相应的交通信息。其优点为:该技术以普通手机作为采集终端设备,节约了大量的前期基础设施投入;手机的广泛普及有效地提高了样本容量,保证了数据质量的可靠性;部署方便,无须安装任何采集终端设备,对移动通信网络的运营不产生任何影响;系统实施周期短,可以达到快速覆盖的效果。

三、公路沿线气象环境感知技术

公路交通易受到气象因素的影响和制约,加强公路沿线气象环境感知敏感度,对提高应对交通气象灾害能力十分重要。公路气象环境感知及监测内容通常包含能见度、风向、风速、路面温度、融雪剂浓度、结冰点温度、冰晶百分比含量、积水深度等要素。针对以上要素,可将公路气象环境感知技术划分为能见度感知技术、风速感知技术、路面状态感知技术等,具体公路气象环境感知技术感知要素如表6-5所示。

公路气象环境感知技术感知要素　　　　表6-5

感知技术	感知要素	感知范围	分辨率	最大允许误差
能见度感知技术	道路能见度	10~10000m	1m	±10%(≤1500m); ±20%(>1500m)
风速感知技术	风向、风速	0~60m/s	0.1 m/s	±(0.5 m/s+0.03V)

续上表

感知技术	感知要素	感知范围	分辨率	最大允许误差
路面状态感知技术	路面(0cm)温度	$-50 \sim +80$℃	0.1℃	±0.5℃
	路面(-10cm)温度	$-40 \sim +60$℃	0.1℃	±0.4℃
	积水深度、积雪/结冰厚度	≥0.1mm	0.1mm	±0.5mm
	冰点温度	$-50 \sim 0$℃	0.1℃	±0.5℃
	融雪剂浓度	0% ~ 100%	0.1%	±1%

1.能见度感知技术

能见度是公路气象环境感知技术的重要组成部分。在能见度感知方面,普遍应用技术为透射式和散射式能见度观测仪。透射仪占地范围大,不适用于海岸台站、灯塔自动气象站及船舶上,但具有高自检能力、低能见度下性能好等优点而被广泛应用于民航系统;散射仪以其体积小和价格低廉而被广泛应用于码头、航空、高速公路等系统。

2.风速感知技术

风速感知技术主要利用风速传感器机型风速测量。风速传感器可连续监测上述地点的风速、风量(风量 = 风速 × 横截面面积)大小,能够对所处监测点的风速、风量进行实时显示。常见的风速传感器可分为三类,第一类为螺旋桨式风向风速传感器;第二类为三杯式风速、单翼式风向的风向风速传感器;第三类为超声波风向风速传感器。其中,螺旋桨式风传感器精度较差,动态性能一般;超声波风向风速传感器目前应用还不太成熟;第二类风向风速传感器应用最为广泛,是风向、风速监测仪的核心部件。

3.路面状态感知技术

路面状态的气象环境主要包括了路面温度、路面湿度、融雪剂浓度、结冰点温度、冰晶百分比含量、积水深度等要素。路面状态感知技术主要包括接触式传感器和非接触式传感器两种。路面状态传感器通常用来监视路面传导率,观察路面状态的变化,通过路面状态传感器可以有效地对上述要素进行感知与监测。接触式路面状态传感器能够监测路面温度、潮湿存在及类型、融雪剂浓度、结冰点温度、冰晶百分比含量、积水深度等;非接触式路面状态传感器可以利用多光谱成像技术来监测道路结冰、积雪和积水及其深度。

第二节 公路网交通流状态研判与预测技术

在公路网运行交通流海量数据分析的基础上,利用大数据挖掘技术对公路网运行状态建模分析,为公路网管理提供多层次、多粒度的数据支撑和科学决策支持。主要技术包括:路网运行模态提取和辨识技术,构建不同信息颗粒的路网运行模态集;路网运行模态转移过程,实现路网运行态势分析研判;根据交通流的时空特性,从单维度和多维度两方面对公路网交通流运行态势进行预测,通过可视化方法实现状态表征。

一、基于聚类算法的公路网交通流模态划分技术

聚类就是按照某个特定标准把一个数据集分割成不同的类或簇,使得同一个簇内的数据对象的相似性尽可能大,而不在同一个簇中的数据对象的差异性也尽可能大。即聚类后同一类的数据尽可能聚集到一起,不同数据尽量分离。常用的聚类算法有分层算法、K-means 算法和 DBSCAN 算法,聚类算法的特征见表 6-6。

聚类算法的特征　　　　　　　表 6-6

聚类算法	优点	缺点
分层算法	算法简洁;不需预设类别数	伸缩性差;一旦开始不能撤销
K-means 算法	快速;伸缩性好;处理分布集中的大型数据集	稳定性差;必须指定类别数;对异常值或极值敏感;准则函数的选取会影响结果
DBSCAN 算法	聚类簇形状任意;簇中对象任意分布;对噪声不敏感	参数选取无规律;对密度阈值敏感;对参数半径敏感

其中,DBSCAN 算法是一种基于密度的聚类算法,这类密度聚类算法一般假定类别可以通过样本分布的紧密程度决定。同其他类型的聚类算法相比,DBSCAN 聚类算法对簇定义为密度相连点的最大集合,能够将密度足够高的区域划分为簇,不需要设定聚类的个数,并能检测出离群点,常用与于交通数据聚类分析。

1. DBSCAN 算法的交通流状态划分模型

路网中的每条路段由于实际运行情况的差异,交通流量的数值范围会存在较大差别。选择基于密度的 DBSCAN 聚类算法来对流量曲线进行分类,即根据不同路段的流量特性将其划分为不同的类别,属于同一类的路段上具有相同或者类似的流量特性。以此为基础来确定每一类路段的典型流量曲线,同类之间具有较高的相似性,不同类之间具有较高的分离性,从而体现出不同路段之间的流量特性的差异。具体步骤如下:

(1)从交通流量数据中选择一个没有被处理的交通流量数据,判断所选取的交通流量数据与设定的最小含点数之间的关系。

(2)如果流量数据大于最小含点数,则该数据点与其附近的数据点形成一个簇,并且该数据点与其形成簇中所包含的点都被标记为已处理的数据点;如果流量数据小于最小含点数,则认为该点被标记处噪声点。

(3)重复(1)、(2)的过程,直到交通流量都被标记为已访问的点,最终交通流数据会被分到不同的簇中,形成不同的类。

2. 断面流量划分案例

选取 106 个路段交通流量数据曲线为样本,选择基于密度的 DBSCAN 聚类算法,以曲线两两之间的弗雷切距离作为距离测度来对交通流量曲线进行分类。聚类的结果见表 6-7。

流量曲线 DBSCAN 聚类结果 表 6-7

分类编号	1	2	3	4
聚类中心—相似性	0.2315	0.4118	0.4590	0.6283

根据聚类结果和曲线的对应关系,得到曲线的分类结果如图 6-4 所示。

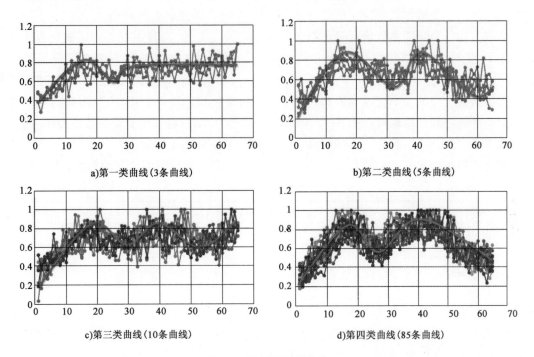

图 6-4　四类典型流量曲线

由图 6-5 可以看出,DBSCAN 算法能够有效将交通流量区别划分,聚类结果根据交通流量变化趋势的相似性进行区分,即同类之间具有较高的相似性,不同类之间具有较高的分离性。这样可以减小对路网监测与管理的复杂度和难度,提升流量预测的精度等。

图 6-5　映射关系图

二、基于模糊综合评价的公路网交通流状态研判技术

1. 模糊综合评价

模糊综合评价是借助模糊数学的一些概念对实际的综合评价问题提供评价的方法,即以模糊数学为基础,应用模糊关系合成的原理,将一些边界不清、不易定量的因素定量化,从多个

因素对被评价事物隶属等级状况进行综合性评价的一种方法。

2. 模糊综合评价交通流状态映射关系

交通流状态的判别是一个主观且相对模糊的概念,各个参数对于交通状态的影响度不同,通过单一的交通参数进行判定得到的结果不够准确,因此以平均行程速度、平均行程延误及相对行程时间三个交通参数构建模糊综合评价模型,实现交通流状态的判别。

依据上述三个交通参数确定评价因素集合 $U=\{U_1,U_2,U_3\}$,其中 U 表示影响交通状态的评价因子,是对交通流状态进行量化的评价指标。同时对四种交通状态定义评价等级集合 $F=\{F_1,F_2,F_3,F_4\}$,F 表示交通状态的评价等级,分别为畅通、轻微拥堵、拥堵、严重拥堵。通过评价因素集合中的三个交通参数共同确定对应的交通状态评价等级,因此需要建立评价因素与评价等级之间的模糊对应关系,即模糊隶属函数矩阵 R。将三个交通参数作为评价指标,与评价等级中的交通状态之间存在着模糊映射关系 R,如图 6-5 所示。

构建模糊矩阵 R 来表示不同评价因素与不同交通状态评价等级之间的关系,见表 6-8。

评价因素与交通状态评价关系 表 6-8

参数	畅通	轻微拥堵	拥堵	严重拥堵
平均行程速度	r_{11}	r_{12}	r_{13}	r_{14}
平均行程延误	r_{21}	r_{22}	r_{23}	r_{24}
相对行程时间	r_{31}	r_{32}	r_{33}	r_{34}

3. 模糊综合评价交通流状态研判模型

为提高模糊评判模型的准确性及全面性,综合考虑各因素对交通流状态的影响,兼顾其对交通流状态的不同重要度,采用加权平均型模糊合成运算进行交通状态的综合评价,见式(6-1)。

$$b_j = \sum_{i=1}^{m}(a_i \cdot r_{ij}), j=1,2,\cdots m \tag{6-1}$$

式中:b_j——综合评价因素对于第 j 种评价等级的重要度;

a_i——第 i 种评价因素的权重,即平均行程速度、平均行程延误、相对行程时间三个交通参数对交通状态的重要性,通过专家打分法获取三个评价因素对应的权重值。

因此,由权重向量与模糊矩阵得到评判结果 B,见式(6-2):

$$B = A \cdot R = \begin{bmatrix} a_1 & a_2 & a_3 \end{bmatrix} \begin{bmatrix} r_{11} & r_{12} & r_{13} & r_{14} \\ r_{21} & r_{22} & r_{23} & r_{24} \\ r_{31} & r_{32} & r_{33} & r_{34} \end{bmatrix} = \begin{bmatrix} b_1 & b_2 & b_3 & b_4 \end{bmatrix} \tag{6-2}$$

式中:b_1——交通参数综合评判后的结果对于道路处于畅通状态的重要程度;

b_2——交通参数综合评判后的结果对于处于轻微拥堵状态的重要程度;

b_3——交通参数综合评判后的结果对于道路处于拥堵状态的重要程度;

b_4——交通参数综合评判后的结果对于道路处于严重拥堵状态的重要程度。

利用最大隶属度法确定道路最终的交通流状态为 $\max[b_1,b_2,b_3,b_4]$,即综合评判结果对于道路处于哪种交通状态的重要程度最高,则认为该交通流状态为道路状况的最终评判结果。

三、基于长短期记忆网络方法的公路网交通流预测技术

1. 长短期记忆网络

长短期记忆(Long Short-Term Memory,LSTM)网络是一种特殊的循环神经网络,适用于处理和预测时间序列中间隔和延迟非常长的重要事件。采用 LSTM 方法进行时间序列的预测,能综合考虑长期的历史数据对预测结果的影响。其中,遗忘门控制是否遗忘,即在 LSTM 中以一定的概率控制是否遗忘上一层的隐藏状态;输入门负责处理当前时间序列位置的输入;输出门由两个部分构成,第一部分是由上一时间序列的隐藏状态和本序列数据计算得到,第二部分是由记忆节点计算得到。

2. LSTM 方法的预测模型

利用 LSTM 方法对交通参数进行预测,基于预测结果可以对未来微观、中观和宏观的交通流运行状态进行判别,为公路网交通监管部门提供交通规划的数据支撑。如图 6-6 所示,LSTM 方法预测交通参数的步骤为:

(1)根据交通流数据的预测时间间隔,对输入的历史交通流数据进行聚合。

(2)对聚合后的历史交通流数据进行预处理,其中包括对多元数据的融合、丢失和异常数据的检测与修复、不同量纲的数据进行数据标准化。

(3)对 LSTM 设置合理的参数,其中包括模型输入维度、神经网络隐藏层数量以及隐藏层节点数。

(4)使用预处理后的数据训练该循环神经网络(Recurrent Neural Network,RNN)预测模型。

(5)调用预测模型预测指定时间间隔的交通流数据并评估预测误差。

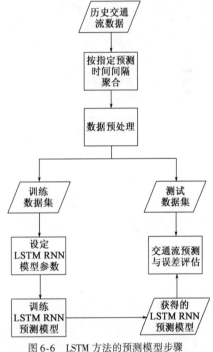

图 6-6 LSTM 方法的预测模型步骤

3. 交通流参数预测实例

提取某一公路断面 2016 条历史交通流数据为原始数据,数据采样的时间间隔为 5min/条;在数据预处理之后,设定 LSTM 预测模型的输入维度、隐藏层数和隐藏层节点数,并训练预测模型;训练完成后采用部分数据对交通流量参数进行预测,表 6-9 为单一参数和多参数输入的交通参数预测对比。

单一参数与多参数交通流预测对比　　　　　　　表 6-9

类　别	均方根误差	平均绝对百分比误差(%)
单一交通流参数	64.04	7.91
多交通流参数	76.11	10.76

从表6-9中可以看出,采用单一交通流参数作为输入,对未来交通流预测的结果优于多交通流参数。对于多交通流参数预测而言,不同参数并不能形成有规律序列,反而会扰乱原来单一参数的规律,导致动态模型的记忆能力不能有效地发挥作用。对于单观测点单一参数预测,历史数据在时间维度上形成有规律的序列;对于多观测点单一参数预测,历史数据可以在时空两个维度上形成有规律的序列;动态模型的记忆能力可以有效地发掘其中的规律并得到很好的预测效果。图6-7为单一交通流参数下的观测值与预测值对比。

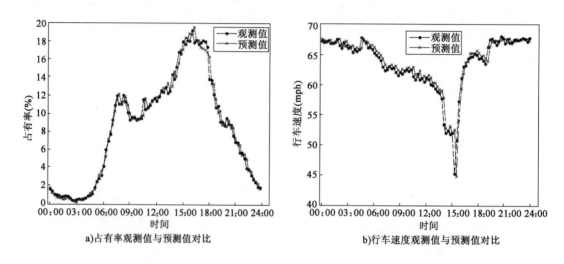

a)占有率观测值与预测值对比　　　b)行车速度观测值与预测值对比

图6-7　观测值与预测值对比

四、基于最大熵模型的公路网交通流状态预测技术

1. 最大熵模型

最大熵模型为概率模型学习中的一个准则,其原理是对一个随机事件的概率分布进行预测时,预测应当满足全部已知的约束,而对未知的情况不要做任何主观假设。在这种情况下,概率分布最均匀,预测的风险最小,得到的概率分布的熵是最大的。约束条件可以灵活地设置,通过约束条件的多少可以调节模型对未知数据的适应度和对已知数据的拟合程度。

2. 最大熵模型预测流程

交通流状态的影响因素较多,交通流状态预测不仅仅要从时间维度进行,还要考虑交通的时空域特征。最大熵模型在交通时间域特征基础上,引入了空间域特征。该模型能很好地将多种数据融合后得到预测结果,如图6-8所示。

由于交通模态具有较强的稳定性和周期性,并且具有针对性,对分模态的最大熵交通状态的预测方法不仅能提高预测的准确性,还能对交通状态的中长期进行预测,如图6-9所示。

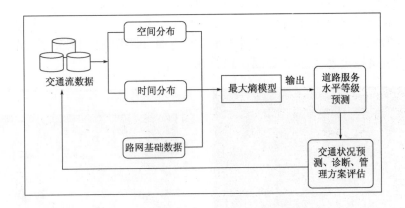

图 6-8　基于最大熵模型的道路交通状态预测

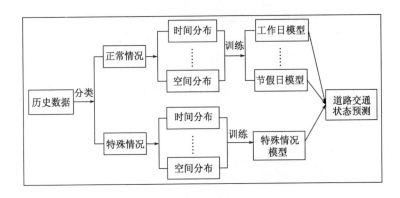

图 6-9　基于分模态的交通状态预测模型流程

最大熵模型交通状态预测模型的基本原理是在历史数据积累和分析的基础上确定各类交通模态划分标准，并建立各自对应的特征数据库，进而建立相对应的最大熵模型。在应用中，应用该模型对不同交通条件下所属的典型交通模态的判别，从预测模型库中选取的不同权重预测道路的服务水平等级，进而对未来道路交通状态做出评价。

实际路网上的交通流是时变的，一个路段上状态的变化会影响相邻路段上状态的变化，进而影响到整个路网的交通状态变化。将交通网络视为一个整体，确定科学的宏观交通状态分析方法，对于交通管理和控制有着非常重要的意义。因此，交通状态分析预测需要将宏观路网交通状态评价与微观交通状态分析相结合，为交通路网控制提供基础信息。

五、高速公路网交通流状态可视化表达实例

以交通运输部科技示范工程——京港澳高速公路河南省示范工程为例，该段高速公路通过研发高速公路三维 GIS 平台、高速公路实景地图管理以及路网运行状态评估与态势分析系统，实现了一维标量、二维标量、三维标量的数据可视化展示。

该系统的可视化功能能够全面展示高速公路路段交通运行状态，包括路段旅行时间、收费

站流量、事件监测、拥挤状况、气象数据等;能够从路段、通道及路网角度多维展示高速公路运行状态指标并将其直观展现在 GIS 地图上。其中,在一维标量展示方面,主要可以实现气象数据接入并随时间监测能见度情况;在二维标量展示方面,可实现拥堵时空图、路段运行状态及路段运行态势的可视化表达,具体如图 6-10 所示。

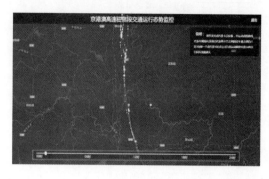

图 6-10　高速公路网交通流状态可视化表达及三维示意图

第三节　公路网联动与协同运行控制技术

一、事件条件下的高速路网动态交通配流技术

1. 动态交通配流方法

动态交通配流方法指高速路网中将时变的交通出行量(OD)需求,按照一定的规则以实际情况,分配到路网中不同的路段上,以达到公路网运行安全畅通的目的。其中关键技术包括动态 OD 矩阵(从不同源点流出的流量流入汇点的矩阵)提取技术、实时交通流估计技术以及路段组成成分获取技术。

动态配流系统是实现高速路网事件条件下动态配流的具体方法,突发事件下的配流系统技术流程如图 6-11 所示。

(1)动态 OD 矩阵提取技术。

设定 V_{OD} 为一个 OD 对在给定时段内的流量;V_O 为一个 OD 对的 O(起点)在给定时段内的流入量,其中有 $V_O = \sum_{i \in P} V_{OD_i}$;$V_D$ 为一个 OD 对的 D(终点)在给定时段内的流出量,其中有 $V_D = \sum_{i \in P} V_{O_iD}$;$C_{OD}$ 为在一定时段内,OD 的流量占 O 点流出量的比例,其中有 $C_{OD} = V_{OD}/V_O$;根据收费数据对应的 OD 矩阵,得到上述四个量:V_{OD}、V_O、V_D 和 C_{OD}。路网车辆 OD 分配模式提取方法的流程框图如图 6-12 所示。

(2)实时交通流估计。

高速路网 OD 分配的稳定性模式可用于推测在途车辆可能的出口位置分布。根据在途车辆入口记录中的入口站点信息与入口时间信息,推测实时情况下车辆在路网中位置的时空分布,而将经由各站点进入路网的在途车辆分布进行综合,便可得到整个高速公路路网整体的车流分布特征,这一过程即为实时交通流估计。实时交通流估计需要以历史交通流估计为基础。图 6-13 为实时交通流估计方法的流程框图。

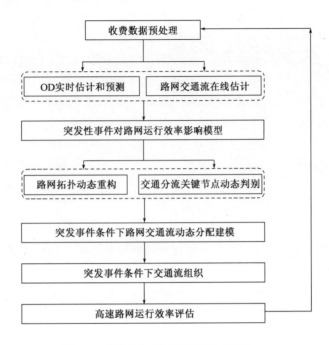

图 6-11　突发事件下的配流系统技术流程

图 6-12　路网车辆 OD 分配模式提取方法的流程

图 6-13　实时交通流估计方法的流程

(3) 路段组成成分获取技术。

在交通流实时估计基础上,记录路段组成成分。计算车辆对应路径上的位置后,记录该车辆的起点和终点,统计所有的起终点后计算组成成分。路段组成成分能帮助实时更新 OD 矩阵,以保证分流结果的准确。具体方法为:对所有 OD 对计算当前时段内车辆在路径中的位置,并记录其起点和终点;分析所有路段,统计当前时段位于当前路段内所有车辆起点和终点,并计算其比例,得到路段组成成分。

2. 事件条件下动态配流技术

在突发性事件下常采用基于网络流的动态配流技术对交通路网进行配流,传统的网络流主要是用于只有一个源点和一个汇点的网络,并求解这两点间的最大费用流或最小费用流。

而高速公路网是一个多源点和多汇点的网络,并且源点和汇点之间存在对应关系,即从不同源点流出的流量要求流入指定的汇点(OD矩阵),采用虚拟源点和虚拟汇点将其转化为单源单汇或单源多汇网络,即保留了高速公路的特殊性又保证了这种拆分的可行性。网络流动态配流技术具体流程为:

(1)加载公路网络结构,加载公路网OD出行矩阵。

(2)加载具体事故路段,加载实时公路网运行状态和历史公路网运行状态。

(3)根据事故发生路段,对公路网结构进行重构并更新公路网的出行OD矩阵。

(4)根据新的路网结构,路段实时流量、组成成分、自由流通行时间和最大通行能力以及路网收费站未来Δt时间内流入高速的流量,更新实时OD矩阵。

(5)根据实时OD矩阵及路段实时流量,基于最大流模型,计算出每个收费站的限流情况,再次更新实时OD矩阵。

二、高速公路入口匝道与主线控制技术

高速公路交通控制不仅能提高高峰期间车辆的行驶速度,增加高峰期间的交通流量,减少交通堵塞和车辆行驶的延误时间,同时也能大幅减少交通事故,节约燃料和减少车辆的磨损,具有显著的经济效益。常用的高速公路交通控制方法可分为入口匝道控制和主线控制,它能直接对高速公路主线交通流状态进行调节,尽量避免和缓解交通拥挤,加快拥挤消散速度。

1. 入口匝道控制

高速公路管理控制的重要手段之一,入口匝道控制是应用最广泛也最有效的一种缓解高速公路拥挤的控制形式。匝道控制包括容需差额控制、ALINEA控制、Bottleneck控制、状态调节器控制等控制方法,见表6-10。

匝道控制方法工程可实施性对比   表6-10

匝道控制算法	类 型	算法特点	可实施性
容需差额控制	开环单点控制	算法简单、不存在反馈机制,抗干扰能力较差	易于实施
ALINEA控制	闭环单点控制	算法稳定性较好,但需要考虑匝道排队长度限制以及最佳占有率设定等问题	易于实施
Bottleneck控制	闭环协调控制	需考虑拥堵点上游各匝道减少流入量的分配权重,同样无明确优化目标,无法达到系统最优	易于实施
状态调节器控制	闭环协调控制	考虑矩阵规模过大,求解困难,所求得的匝道调节率为次优解而非最优解	较难实施

(1)容需差额控制技术。

容量-需求方法是一种常见的入口匝道控制方法,其公式见式(6-3)。通过检测匝道上游主线交通量Q(即交通需求),与匝道下游最大通行能力(即容量)进行比较,以便决定匝道上的放行车辆(即入口匝道调节率)。

$$r(k) = \begin{cases} q_{cap} - q_m(k-1) & 当 O_{out}(k-1) \leq O_{cr} \\ r_{min} & 其他 \end{cases} \quad (6\text{-}3)$$

式中： q_{cap}——匝道下游容量；
k——每个离散的检测时间；
$r(k)$——k 时刻的匝道调节率；
O_{cr}——临界占有率；
$O_{out}(k-1)$——$k-1$ 时刻匝道下游占有率；
r_{min}——最小调节率。

根据交通流量-密度关系曲线,只有当下游占有率等于临界占有率时,下游的交通量容量最大。因此,临界占有率可以看作一个控制阈值,如果实际检测到的下游占有率大于临界占有率时,说明下游流量已经超过了容量,应采用最小调节率;如果没有超过,那么入口匝道交通量等于下游道路容量和实际检测到的上游需求的差值。

(2) ALINEA 控制技术。

以实测的交通流参数为依据,不断地对匝道控制率进行调节,从而使主线上的车辆维持在最佳状态。具体计算方法见式(6-4)：

$$r(t) = r(t-1) + K_r[O - O_{out}(t-1)] \quad (6\text{-}4)$$

式中：$r(t)$——t 时刻入口匝道的调节率；
O——匝道下游的期望占有率,通常取 $O = O_{cr}$；
$O_{out}(t)$——t 时刻匝道下游占有率；
K_r——调节参数,ALINEA 控制方法对于 K_r 值的选择不敏感,当 $K_r = 70$ 时,可以得到最佳控制效果。

(3) Bottleneck 控制技术。

Bottleneck 控制技术是一种典型的多匝道动态协调控制方法,也是一种启发式协调控制方法。它的目标是通过控制入口匝道的调节率,使主线交通维持在一个稳定流状态。它采用单点与协调层面相结合的方法生成匝道调节率。在单点层面,采用占有率控制计算得到一个匝道调节率;在协调层面,根据流量守恒原理也得到一个匝道调节率;之后,在每个匝道将得到的两个调节率进行对比,取其小值作为该匝道最终的调节率。

(4) 状态调节器控制。

主要为指线性二次型反馈控制。它的出现从一定程度上解决了非线性最优控制求解计算过于复杂这一问题。其基本思路是将匝道控制视为状态调节器,将理想状态附近的系统状态以及控制模型均设为线性函数,性能指标为系统状态和控制变量的二次函数,一般主要以系统实际状态与理想状态之间的偏差量之平方和最小为目标函数来求解匝道调节率。控制过程中加入了反馈机制,需要求解 Riccati 方程。

2. 基于 VMS 的主线诱导控制技术

通过调节 VMS 发布信息的内容和频率,使得路网交通流的实际分布向理论最优分配逼近。为了简化问题,将研究对象限制在一定的范围之内,假定高速公路网交通需求的转移都发生在高速公路的路网范围之内,并且高速公路网中的分流节点均只有两条流出路段。

(1) VMS 诱导控制方法。

如果路网的交通需求与正常值发生较大差异,或因突发事件导致通行能力明显下降,则新一轮的交通流分配结果将会与正常值产生较大的偏差,从而导致 $\beta_{j,t}^n$ 明显不同于 $\beta_{j,t}^{n_0}$。此时应启动 VMS 路径诱导功能,引导车辆合理选择路径。

令 $\beta_{j,t}^{n,V_0}$ 为 VMS 信息参数,取值为 0 或 1:当 VMS 指向主路径时,$\beta_{j,t}^{n,V_0}=1$;指向次路径时,$\beta_{j,t}^{n,V_0}=0$。则在 VMS 作用下的节点分流比 $\beta_{j,t}^{n,V}$ 见式(6-5):

$$\beta_{j,t}^{n,V} = (1-\xi)\beta_{j,t}^{n_0} + \beta_{j,t}^{n,V_0}\xi \tag{6-5}$$

式中:$\xi(\xi\in)$——用户选择 VMS 推荐选择的比例,当 $\xi=1$ 时代表所有用户服从 VMS 的诱导信息;$\xi=0$ 时代表所有用户无视 VMS 提供的信息,而是依照经验选择路径,此时有 $\beta_{j,t}^{n,V}=\beta_{j,t}^{n_0}$;

$\beta_{j,t}^{n,V}$——节点 n 在 VMS 作用下得到的分流比;

$\beta_{j,t}^{n_0}$——最优分流比。

诱导控制的目的就是要使 $\beta_{j,t}^{n,V}$ 逼近 $\beta_{j,t}^{n_0}$,在一个时段内,通过调整不同 VMS 信息显示时间的比例来模拟分流比例连续变化的效果。如假定分流节点 n 在时段 t 内 VMS 推荐主路径所占的时间比例(分时比)为 $\lambda_t^n(\lambda_t^n\in)$,则推荐次路径时间比例为 $1-\lambda_t^n$,于是有如式(6-6)所示关系:

$$\beta_{j,t}^n = \lambda_t^n\beta_{j,t}^{n,V_m} + (1-\lambda_t^n)\beta_{j,t}^{n,V_a} = \lambda_t^n[(1-\xi)\beta_{j,t}^{n_0}+\xi] + (1-\lambda_t^n)(1-\xi)\beta_{j,t}^{n_0} \tag{6-6}$$

式中:$\beta_{j,t}^{n,V_m}$、$\beta_{j,t}^{n,V_a}$——VMS 推荐主路径和可选路径时 $\beta_{j,t}^{n,V}$ 的取值。

由上式可以解出 λ_t^n,如式(6-7)所示:

$$\lambda_t^n = \frac{\beta_{j,t}^n - (1-\xi)\beta_{j,t}^{n_0}}{\xi} \tag{6-7}$$

得到 λ_t^n 之后,还应确保 VMS 在信息切换过程中两个相位的任何一个相位的时间长度不低于下限值 $T_{n,\min}^V\lambda_t^n$。信息切换频率过高会导致驾驶员在接近 VMS 时看到多次的信息轮换,故 $T_{n,\min}^V$ 可取为驾驶员从看清 VMS 信息到驶过 VMS 的时间。

若假定时段 t 分流节点 n 的 VMS 分时比为 λ_t^n,则可以确定信号的切换周期,其公式如式(6-8)所示:

$$T_t^n = \frac{T_{n,\min}^V}{\min[\lambda_t^n,(1-\lambda_t^n)]} \tag{6-8}$$

确定信号周期后,VMS 的控制序列即可确定。一个轮换周期内,VMS 推荐主路径和次路径的时间分别为 $T_t^n\lambda_t^n$ 和 $T_t^n(1-\lambda_t^n)$。在实际应用过程中,可在主、次路径的推荐信息之间插入一个过渡相位,显示Ⅰ类正常信息,使得 VMS 诱导控制更为平滑。

(2) VMS 诱导控制流程。

将视频检测设备采集到的数据经过车牌匹配算法处理,得到路网中各路段的行程时间以及节点实际分流比 $\beta_{j,t}^{n_0}$,通过动态交通分配算法得到节点最优分流比 $\beta_{j,t}^n$,如果实际分流比与最优分流比的差值超过设定阈值,则说明当前路网处于不均衡状态,需要进行 VMS 诱导控制。根据公式计算得到当前时刻 VMS 发布信息的内容及切换频率,作用于路网并持续一周期后进入下一轮控制,流程如图 6-14 所示。

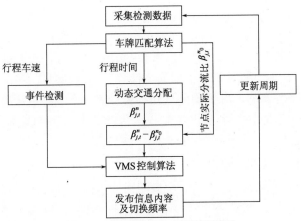

图 6-14　分流节点 VMS 诱导控制流程

三、区域公路网协同联动与管控技术

在公路网交通流量日益增大的情况下,对路网交通控制的效率要求也越来越高。大范围的交通管控机制需要在多方协同机制下处理好跨部门、跨区域的相互关系,基于完备或准完备的网络化全景交通信息环境,实现区域交通出行调控、网格化诱导、时空动态优化的系统联动控制,提升交通运行效能,提高区域交通运行效率。依据公路网配流技术、交通流量控制技术以及车辆诱导控制技术,构建区域公路网协同联动与管控技术框架,如图 6-15 所示。其中,主要关键技术为面向出行行为的区域交通智能化分析控制技术、区域交通动态协同优化控制技术以及区域交通网格化智能诱导技术。

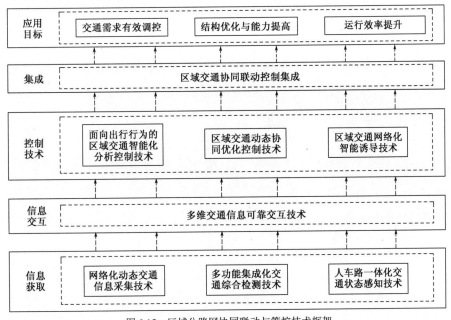

图 6-15　区域公路网协同联动与管控技术框架

1. 面向出行行为的区域交通智能化分析控制技术

出行者往往依据自身所掌握的信息,如路段长度、拥挤程度、所需花费费用等信息,做出满足自身偏好的出行决策。所以,任意 OD 对间的路段交通拥挤状态与出行者的决策行为密不可分。道路交通网络的承载体是出行者,使用者也是出行者,故出行者的决策行为是交通流能否达到均衡分布的关键,而决策选择又恰恰受到信息、个人偏好、选择理性等诸多因素的影响,所以交通流的均衡分配原则离不开人类的认知行为。该技术主要是从出行需求的角度进行宏观调控,从交通源头进行有效控制,具体控制技术包含动态 OD 获取、需求辨识、路网监测、动态预报、需求控制等技术。

2. 区域交通动态协同优化控制技术

区域交通动态协同优质控制技术是对区域交通网络结构进行优化和能力提高。区域交通动态协同优化控制由公路网管理、交通诱导设施(车辆终端、VMS 等)、交通控制设施、交通环境(道路等)以及一定的社会经济环境组成,需要根据路网不同的交通状态,采取不同的交通管理手段,以建立适用于不同交通条件的多层次管理模式,同时尽量减少计算量,能够保证较为满意的管理水平。具体内容包括对路网交通流进行控制,具体控制技术包括区域平衡控制、动静态协同、特殊管控优化、时空动态协同等控制技术。

3. 区域交通网格化智能诱导技术

网格化公路网管理从思想上借鉴了网格技术的思路,强调对管理域内资源的充分共享和协调使用。网格化管理首先强调将管理单元定量网格化,其次,网格化管理是借助现代科技发展的成果,应用新的计算机技术、网络技术、电子地图技术等,以需求和应用为导向,试图从整体上解决整个系统的信息整合、业务协同及服务监管等系列问题,路网网格化管理模式实现了一种全新、精确、敏捷、高效、全时段监控和全范围覆盖效果的城市管理模式,是一种新的发展方向。具体控制技术包括智能导向、动静态一体、信号协同、动态控制等网格化诱导技术。

第四节 公路网运行云控平台构建技术

一、公路网运行云控平台技术架构

公路网运行云控平台构建技术是实现"智慧路网"的重要信息化支撑,主要包括云数据管理技术、云数据服务技术、云控平台系统融合技术三部分,其技术架构如图 6-16 所示。

二、云数据管理技术

为保障公路网云控平台数据的安全性、实时性、准确性、全面性,使平台可以更加高效、精准地为管理人员提供服务,利用云数据管理技术更好地实现数据资源和计算资源的整合与共享。数据来源主要包括现有的交通信息系统数据、准备新建的交通信息系统数据以及与其他部门共享的相关数据三个方面。为了能更好实现对海量原始数据的管理,公路网云控平台从数据信息安全、海量数据信息存储以及数据信息融合方面对云数据进行管理,其中关键技术包括数据管理安全技术、数据存储技术以及数据融合技术,具体如图 6-17 所示。

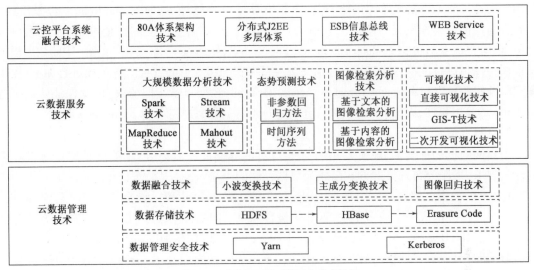

图 6-16 公路网运行云控平台技术架构

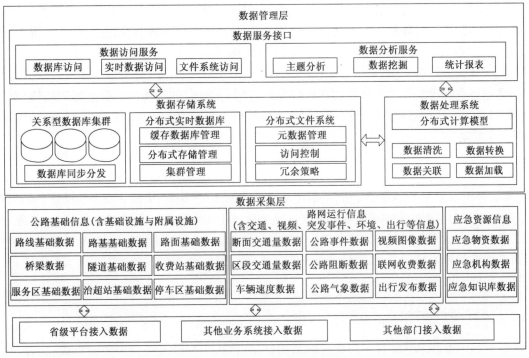

图 6-17 公路网云数据管理技术架构

1. 数据管理安全技术

提供安全管理方案、一体化管理以及安全策略,具有图形化、自动化的安装、部署配置、监控、报警等功能。主流数据管理安全技术有 YARN(Yet Another Resource Negotiator,另一种资源协调者)和 Kerberos(一种网络认证协议)。

YARN 支持对 Spark(分布式计算)集群以及 MapReduce(批处理)集群具备进行计算资源和内存资源的管理能力,避免占用内存资源多的 Spark 或 MapReduce 集群之间争抢内存资源。YARN 主要实现了自定义监控策略,实现对集群环境监测管理,同时对 MapReduce 以及 Spark 执行器占用的资源额度进行调配。Kerberos 是部署于大数据平台上的安全策略,通过用户认证方式,对存放在 HDFS(Hadoop Disributed File System,Hadoop 分布式文件系统)中的数据根据认证用户(组)进行读/写访问控制,并且支持对存放在 HDFS 中的选定文件单独进行加密;提供账户服务如 LDAP(Lightweight Directory Access Protocol,轻型目录访问协议)以及保证认证服务 Kerberos 的高可靠性,支持 LDAP HA(High Available,高可用性集群)以及 Kerberos HA。

2. 数据存储技术

公路网数据的种类多、规模大,由于单台计算的存储能力有限,已不能满足现在海量数据存储的要求,采用分布式集群方式已成为数据存储的主流。

HDFS 的数据存储底层使用基于 HDFS 2.2 的大数据存储和在线服务系统。其内部机制是将一个文件分割成一个或多个块,这些块被存储在一组数据节点中,以通过扩展的方式存储几十 TB、上百 TB、甚至 PB 级别的数据;在 HDFS 之上可以构建 HBase(Hadoop Database,一种开源数据库)分布式在线实时数据库。HBase 融合了多种索引技术、分布式事务处理、全文实时搜索、图形数据库在内的实时 NoSQL(非关系型数据库);结合纠删码,提供了新的冗余备份机制,在原始数据的基础上,增加部分数据块,来实现数据的冗余备份。使用纠删码技术可以将数据副本数从 3 倍降低至 1.5 倍,既降低存储资源成本又提高可靠性,支持可靠存储 TB 级到 PB 级的数据,减少备份数据占用的存储空间,提高资源利用率。

3. 数据融合技术

数据融合技术是将某一种的数据信息加以智能化合成,产生比单一信息源更精确、更完全、更可靠的估计和判断。数据融合可以有效地减少数据信息的冗余,提高数据信息的质量。数据融合的方法包括小波变换、主成分变换、图像回归等方法。

小波变换是一种全局变换,在时间域和频率域同时具有良好的定位能力,对数据信息中高频分量采用逐渐精细的时域和频域步长,从不同角度对数据进行变换,覆盖数据信息任何细节;主成分变换来源于主成分分析,是使用相关系数阵或协方差阵来消除原始数据信息的相关性,通过相关性系数的大小从所有数据中提取少量的主要信息,从而除去数据冗余的部分;图像回归主要应用于对视频图像数据进行处理,是通过最小二乘法来进行回归,用计算出的预测值减去影像的原始像元值,从而获得二影像的回归残差图像,减弱多图像中由于大气条件和太阳高度角的不同所带来的影响。

三、云数据服务技术

云数据服务技术是将数据管理层的数据结果,根据不同的服务进行数据集成、融合与计算,从而使数据产生更高的价值,并以接口的形式共享给系统,拥有权限的用户可以通过平台提供的接口获取自己所需的数据服务。常用的数据服务技术包括大规模数据分析技术、态势预测技术、图像检索分析技术、可视化技术。

1. 路网大规模数据分析技术

主要建立在大规模集群上,是最常用的大数据分析技术,数据计算支持多种计算模式,包括批处理技术（MapReduce 技术）、分布式内存计算技术（Spark 技术）、实时流数据处理技术（Streamming 技术）、机器学习算法库技术（Mahout 技术）等，具备大规模、多维度数据计算能力和实时响应能力，为数据服务提供有力的计算能力支撑。

（1）MapReduce 技术是 Hadoop 的核心计算框架，用于大规模数据集的分布式、并行计算。处理流程分为 Map 阶段和 Reduce 阶段，Map 阶段是对每个原始数据单独处理，通过 Key 和 Value 将处理结果传递给 Reduce 阶段，Reduce 阶段通过一定的规则将数据结果整合。

（2）Spark 技术是针对 MapReduce 数据处理慢的问题提出的，基于内存计算，分布交互式分析引擎提供高速 SQL 分析和 R 语言数据挖掘能力，可帮助企业建立高速可扩展的数据仓库。

（3）Streamming 技术由实时流处理引擎提供强大的流计算表达能力，完成数据转换、特征提取、策略检查、分析告警等复杂服务计算，最终输出到 HBase 等存储集群，实时生成告警页面、实时展示页面等。

（4）Mahout 技术提供了可扩展的机器学习领域经典算法实现，包括诸如聚类、分类、推荐过滤、频繁子项挖掘等，使大数据平台更加方便地与其他信息系统对接。

2. 路网运行态势预测技术

该技术以历史的数据信息为基础，利用一定的方法对未来时刻的数据态势进行预测。常用的预测方法有非参数回归预测方法和时间序列预测方法。

（1）非参数回归预测方法是了解相关的历史数据信息，并从历史数据中获取与当前点具有相似关系的"相邻点"，根据这些"相邻点"来对下一时刻的数值进行预测。

（2）时间序列预测方法是根据系统的观测数据，建立能够比较精确反映时间序列中所包含的动态依存关系的数学模型，并通过数据模型对未来进行预测。

3. 图像检索分析技术

该技术主要包括基于文本的图像检索技术和基于内容的图像检索技术。

（1）基于文本的图像检索技术。

沿用了传统文本检索技术，回避对图像可视化元素的分析，从图像名称、图像尺寸、压缩类型、作者、年代等方面标引图像，以关键词形式提问查询图像，或者根据等级目录的形式浏览查找特定类目下的图像，图像所在页面的主题、图像的文件名称、与图像密切环绕的文字内容、图像的链接地址等都被用作图像分析的依据，根据这些文本分析结果推断其中图像的特征。

（2）基于内容的图像检索技术。

根据图像、图像的内容语义以及上下文联系进行查找，以图像语义特征为线索从图像数据库中检出具有相似特性的其他图像。

4. 可视化技术

路网运行信息可视化能将抽象的信息进行（交互式的）视觉化展示，增强用户的感知。条形图、散点图、折线图以及电子地图都是信息可视化的应用，公路网运行监测常用的可视化技术包括直接可视化技术、二次平台开发可视化技术以及 GIS 技术。

其中，直接可视化是可视化技术中最直接、最基本的技术，它是将数据进行绘制，并不需要对数据进行处理，将原有数据以视图的方式表现出来。直接可视化过程分为数据表的建立、数据表转化为可视化结构、可视化结构转化为视图三个步骤，直接可视化参考模型如图 6-18 所示。

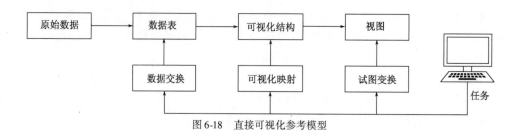

图 6-18　直接可视化参考模型

四、云控平台系统融合技术

云控平台为不同的用户提供数据资源和功能支撑服务,从技术上要跨过分布式体系中不同硬件平台、不同网络环境、不同数据库、新旧系统并存、分布式数据传输不可靠、分布式应用效率低、多种应用模式并存、平台软件开发周期长等问题。这些问题只靠传统的系统软件、工具软件、项目开发提供的功能已经不能满足要求。

1. 系统融合技术组成

系统融合技术主要包括面向服务的 SOA(Service-Oriented Architecture,面向服务的结构)体系架构、基于分布式 J2EE(Java 2 Platform Enterprise Edition)多层体系结构、ESB(Enterprise Service Bus,企业服务总线)信息总线技术和 Web Service 技术。

(1)SOA 体系架构。

SOA 体系架构是关于共享和管理服务的结构,采用的技术满足它的需要即可。SOA 对兼容性的需求完全处在松耦合,可以通过在项目实施过程中为创建和部署大多数 SOA 提供的端到端解决方案解决兼容性问题。

(2)分布式 J2EE 多层体系。

J2EE 体系架构是在通过一个基于组件的应用程序模型为分布式体系提供一个统一标准,在分布式软件设计发展中已经逐步成熟。J2EE 体系架构拥有以下优势:独立于系统平台、容器管理的对象,重用性,模块化。

(3)ESB 信息总线技术。

ESB 信息总线技术是在面向服务的体系架构中为信息导向提供服务。ESB 允许通过 Web 服务界面在应用程序内和应用程序之间传递信息。ESB 技术在 SOA 结构中提供 Web 服务的交互功能,并提供集成的通信、消息传递以及事件基础架构来支持这些功能;ESB 为 SOA 提供与信息综合服务平台数据交换需求保持一致的基础架构。

(4)Web Service 技术。

Web Service 技术为可以通过 Web 描述、发布、定位和调用的模块化应用技术。Web Service 通过简单对象访问协议来调用。简单对象访问协议允许用任何语言编写的任何类型的对象在任何平台之间相互通信。SOAP(Simple Object Access Protocol,简单对象访问协议)消息采用 XML(Extensible Markup Language,可扩展标记语言)进行编码,一般通过 HTTP(HyperText Transfer Protocol,超文本传输协议)进行传输。与其他的分布式计算技术不同,Web Service 是松耦合的,而且能够动态地定位其他在 Internet 上提供芯片服务的组件,并且与它们交互。

2. 公路网(跨区域、跨部门)运行云控平台集成技术体系示例

实现公路网运行跨区域、跨部门公路网运行管理与服务目标,需要应用数据集成、服务集成

和应用集成等技术。宏观上，可分为数据管理层、统一服务层、融合应用层，具体如图6-19所示。

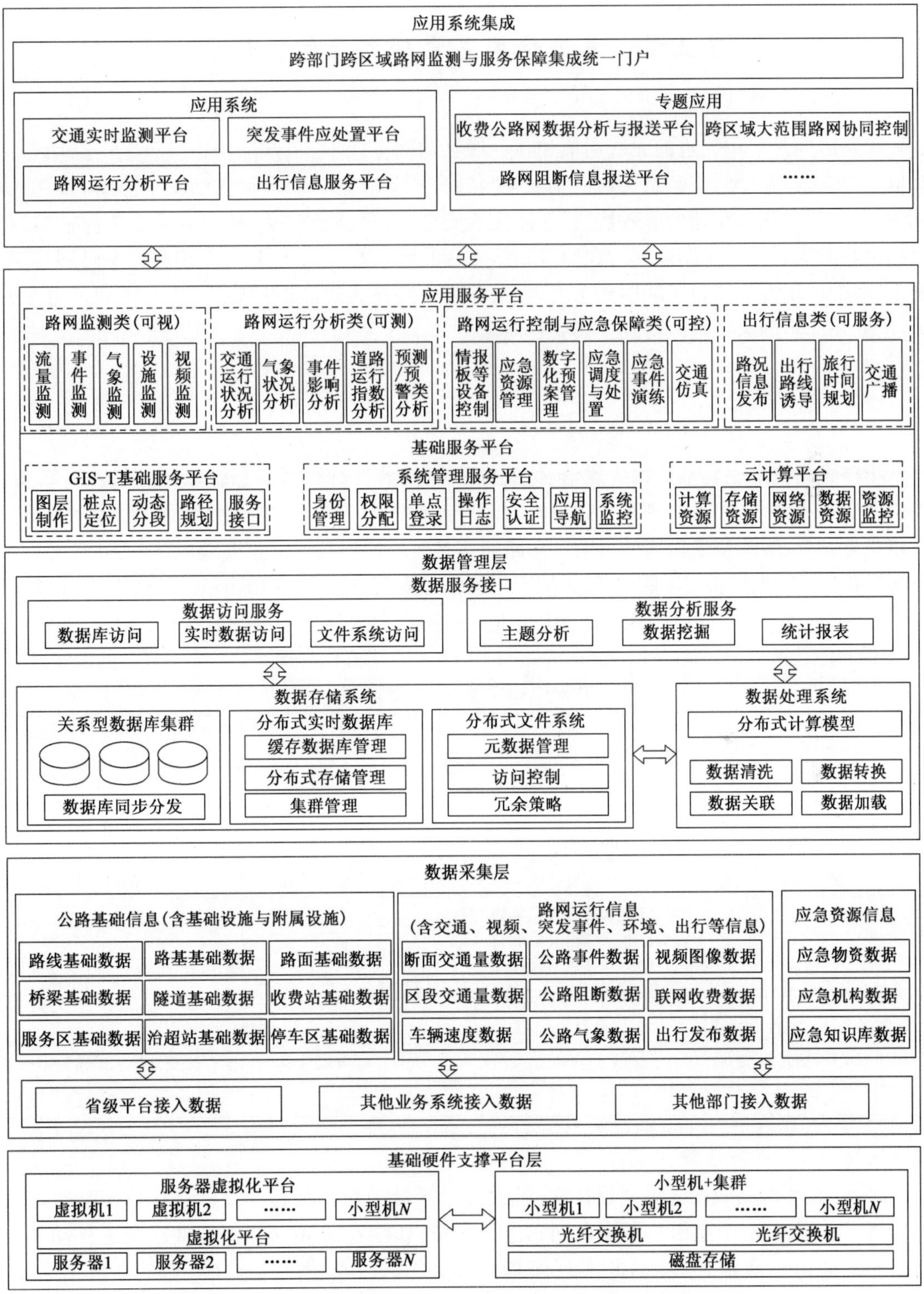

图6-19 跨区域、跨部门公路网运行云控平台集成技术框架

第五节 车路协同与自动驾驶辅助技术

车路协同是采用先进的无线通信和新一代互联网等技术,全方位实施车-车、车-路动态实时信息交互,并在全时空动态交通信息采集与融合的基础上开展车辆主动安全控制和道路协同管理,充分实现人车路的有效协同,保证交通安全,提高通行效率,从而形成安全、高效和环保的道路交通系统。车路协同旨在通过车路人货的信息交互和共享,提高出行效率、提升人车安全、减少环境污染。自车联网概念出现后,车路协同作为车联网的应用之一,得到了更多的关注,并在许多国家和地区得到了实验和应用。

一、车路协同技术

车路协同技术主要基于无线通信、传感探测等技术进行车路信息获取,并通过车-车、车-路信息交互和共享,实现车辆和基础设施之间智能协同与配合,达到优化利用系统资源、提高道路交通安全、缓解交通拥堵的目的。车路通信是车路协同技术的重要组成部分,通常是指车载端设备与路侧端设备之间的通信,常用于车路信息采集(上行)、路况信息广播(下行)以及车与车之间的中继通信。目前,热门的通信技术主要包括:短程无线通信技术(DSRC)、长期演进技术-车辆通信技术(Long Term Evolution-Vehicle,LTE-V)、第五代移动通信技术(5G),见表6-11。

DSRC、LET-V、5G 信息汇总   表6-11

项目	DSRC	LTE-V	5G
定义	短程无线通信技术	长期演进技术-车辆通信技术	第五代移动通信技术
制定者	IEEE	3GPP	3GPP
代表企业	恩智浦	高通	华为、大唐
频段	5.8~5.9GHz	采用运营商 LTE 频谱	5GSub~6GHz
标准情况	2014年美国交通部门确认V2V标准,中国DRSC指标标准为《电子收费 专用短程通信》(GB/T 20851—2007)系列	标准化进程开始于2014年,现已完成	2018年国际5G标准正式出台
平均延时	低(<50ms)	高(>50ms)	更低(5~10ms)
宽带	较高	高	更高

1. 短程无线通信技术

DSRC 是一种高效的无线通信技术,可在特定区域内对高速移动目标进行辨识与双向通信,其较为成熟的两个应用是车辆识别和电子收费,如图6-20所示。它能够在高速移动的交通下与车辆建立通信连接,以此实现车联网中的车-车/车-路通信。DSRC 的工作频段为 5.8~5.9GHz,在物理层上使用 IEEE 802.11p 标准,应用层上遵循 IEEE 1609 标准,数据传输速率最大为27Mbit/s，能够承载大宽带车载应用信息，室外通信范围可达1000m。

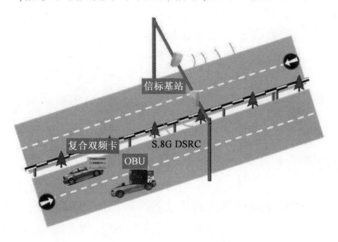

图6-20　DSRC车联网示意图

2.长期演进技术-车辆通信技术

LTE-V技术是由3GPP基于LTE技术研究而成，能够将车载感知传感器（如超声波、摄像头等）的感知范围从数十米扩展到数百米，极大地提高了车载系统的效能，更好地辅助智能车辆在相对复杂的交通场景下安全驾驶，如图6-21所示。

LTE-V技术包括集中式LTE-V-Cell和分布式LTE-V-Direct两部分，集中式LTE-V-Cell是基于现有的频谱和基站进行蜂窝通信；LTE-V-Cell传输带宽最高可扩展至100MHz，峰值速率上行500Mbit/s、下行1Gbit/s，时延用户面时延小于或等于10ms，控制面时延小于或等于50ms，支持车速500km/h，覆盖范围与LTE范围类似。分布式LTE-V-Direct需要在一定范围内构建网络进行通信。

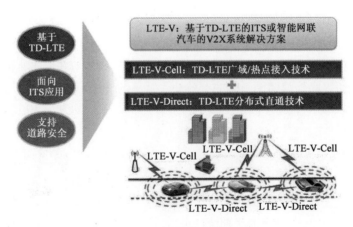

图6-21　LTE-V车联网解决方案

3.第5代移动通信技术

5G技术具有高资源利用率（相比4G移动通信技术，资源利用率可提升10倍左右）、高系统吞吐率（5G移动通信通过对于新体系的构建和智能化能力的提升来促进整个系统的吞吐率)、扩宽频率资源(扩宽无线移动通信的频率段至高频段)等特点。

5G 通信技术将使车联网拥有更加灵活的体系结构和新型的系统元素[5G 车载单元、5G 基站、5G 移动终端、5G 云服务器等],如图 6-22 所示。除了在车内网、车际网、车载移动互联网实现 V2X(Vehicle to X,X:车、路、行人及互联网等)信息交互以外,5G 车联网还将实现 OBU、基站、移动终端、云服务器的互联互通,分别给予它们特殊的功能和通信方式。5G 车联网体系结构的特点主要体现在 OBU 多网接入与融合、OBU 多渠道互联网接入、多身份 5G 基站。

二、基于车路协同的驾驶辅助技术

驾驶辅助技术是指利用安装在车上的各式各样传感器(毫米波雷达、激光雷达、单/双目摄像头以及卫星导航)在汽车行驶过程中感应周围的环境,收集数据,进行静态、动态物体的辨识、侦测与追踪,并结合导航仪地图数据,进行系统的运算与分析,从而预先让驾驶者察觉到可能发生的危险,有效增加汽车驾驶的舒适性和安全性,其技术展示如图 6-23 所示。

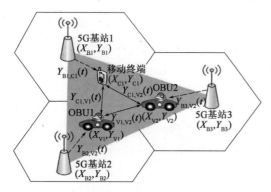

图 6-22　5G 车联网示意图

图 6-23　驾驶辅助技术展示图

基于车路协同的驾驶辅助技术是以车路通信为基础,通过先进的信息感知和通信技术实现实时的信息交互与共享,使车辆驾驶辅助系统更加快速、准确地获取丰富的相关车辆状态和道路环境信息,进而提高驾驶辅助系统的有效性。常见的基于车路协同的驾驶辅助技术有导航与实时交通系统、偏离车道警报系统、环视泊车辅助系统、交通标志识别系统、牵引力控制系统。

1. 导航与实时交通系统

该系统是通过关系型数据库服务(RDS)方式发送实时交通信息和天气状况的一种开放式数据应用。通过(交通信息频道 TMC)信息,车载导航系统可以实时反映区域内交通路况,指出最佳、最快捷的行驶路线,规避道路拥堵区域,提高道路和车辆的使用效率。根据 TMC 的协议规定,TMC 消息都是基于事件的,可分为用户消息和系统消息两大类。其中,用户消息是指要提供给用户的交通状况、道路施工及天气信息,它是由 RDS 数据帧的 8A 组进行传输的;系统消息是指仅供 RDS-TMC 解码器用于解码、消息管理的信息,它们可通过 8A、4A、3A 或 1A 数据帧进行传输。

2. 偏离车道警报系统

为了监测无意识的车道偏离,偏离车道警报系统在车辆的前保险杠后设置红外传感器,每个传感器配有一个红外发光二极管和一个发光监测槽。该系统通过监测发光二极管的红外光束在路面反射后的变化,来监测车道偏离情况。当车辆越过车道线而没有启动转向指示灯时,前保险杠后的红外传感器能够监测这个动作,并且触发警报,通过驾驶员座椅的震动来对驾驶员进行警示。偏离车道警报系统与车道保持辅助系统相互支撑,车道保持辅助系统是在车道偏离预警系统的基础上对刹车的控制协调装置进行控制。

3. 环视泊车辅助系统

以多摄像头、图像采集部件、视频合成/处理部件等硬件设施对同一时刻采集到的多路视频图像处理成一幅车辆周边360°的车身俯视图,最后以数据图片的方式在中控台的屏幕上显示,让驾驶员清楚查看车辆周边是否存在障碍物并了解障碍物的相对方位与距离,帮助驾驶员轻松停泊车辆。该系统直观明了、不存在盲点,可以提高驾驶员操控车辆泊车入位从容度,有效减少车辆通过复杂路面剐蹭、碰撞、陷落等事故的发生率。

4. 交通标志识别系统

通过安装在车辆上的摄像机采集道路上的交通标志信息,将获取图像传送到图像处理模块进行标志监测和识别,并根据识别结果做出不同的应对措施。交通标志识别系统的工作流程具体可分为图像采集、图像预处理、图像分割监测、图像特征提取、图像识别五步骤。通过交通标志识别可以及时地向驾驶员传递重要的交通信息(例如限速、禁止超车等),并指导驾驶员做出合理的反应,从而减轻驾驶压力,缓解城市交通压力,促进道路交通安全。

5. 牵引力控制系统

该系统主要针对冰雪等光滑路面汽车打滑现象,其作用是使汽车在各种行驶状况下都能获得最佳的牵引力。牵引力控制系统利用电子传感器探测到从动轮速度低于驱动轮时(打滑的特征),就会发出一个信号,调节点火时间、减小气门开度、减小油门、降挡或制动车轮,从而使车轮不再打滑。该系统不但可以提高汽车行驶稳定性,而且能够提高车辆加速性,增强爬坡能力。牵引力控制系统和防抱死制动系统相互配合使用,可以进一步增强汽车的安全性能。

第六节 公路网运行监测与管理平台建设(示例)

为落实《"十三五"公路养护管理发展纲要》及《推进智慧交通发展行动计划(2017—2020年)》要求,实现"十三五"部省两级路网平台联网既定目标,促进"互联网+路网"深度融合,促进公路行业发展转型升级,提升公路出行服务水平和行业治理能力,实现"提高路网运行效率、保障路网安全畅通、服务百姓便捷出行"长远发展目标,交通运输部于2018年正式批复开展"公路网运行监测管理与服务平台"工程建设,以期基本建成全国公路网运行数据中心,初步实现部省两级平台联网协同,建成全国公路网视频联网监测系统。

一、建设目标要求

公路网运行监测与管理平台的建设目标为：以建设完善部级路网运行监测与管理信息化基础支撑平台和系统应用支撑平台为前提，以编制执行支撑本工程系列标准规范为先导，开展"121"工程，即"一个全路网数据资源中心，部省平台联网与业务协同两项核心功能，一个综合大数据应用平台"建设，为"智慧路网"建设提供支撑。具体目标如下。

（1）建成国家公路网运行管理数据资源中心。

通过部省平台联网，实现国家高速公路网、重点干线公路网交通运行状况、基础设施技术状况、气象环境状况等各类运行监测信息的自动采集、汇聚与联网，并根据省级路网管理需求实现信息交互共享，实现与行业内外相关单位的信息交换与共享，基本建成国家公路网运行管理数据资源中心。

（2）实现全国公路视频监测资源的云平台汇聚和共享。

建成全国公路网视频联网云平台，全面实现公路视频图像在部级层面的接入，国家高速公路网"71118"路段视频基本接入。部级平台具备随时调阅与智能分析的能力，具备事件现场移动视频图像回传能力，支持向各省提供视频调阅，支持公安等相关部门的视频转发、调阅。

（3）实现部省两级平台的互联互通和业务协同。

通过制定相关业务规范、技术标准，在部省两级平台全面联网、数据共享的基础上，实现公路网运行监测、协调等业务全面在线化管理，实现部级平台协同管理的信息化功能，为开展区域路网协调联动指挥、重大社会活动与重大公路突发事件处置、各类信息与保障资源调度管理、跨区域跨部门信息交互、出行信息服务等业务提供技术支持。

（4）开展公路网运行管理大数据分析应用。

应用行业内外综合数据资源，开展公路网运行状态分析、公路网事件识别、安全风险隐患分析等数据分析应用工作，初步实现对公路网综合信息资源融合分析，为公路网日常运行监测、重大活动保障、公路出行服务等业务提供支撑，为大数据分析的进一步应用打下基础。

二、公路网运行监测与管理平台总体架构（示例）

公路网运行监测与管理平台基于既有系统及数据资源进行集成与整合，形成包括运行感知层、基础设施层、数据资源层、应用支撑层、应用系统层、信息服务层、用户层及三大保障体系的总体架构。具体如图6-24所示。

三、公路网运行监测与管理平台功能建设方案

公路网运行监测与管理平台建设分为四大应用系统建设、应用支撑平台建设、全国公路视频基础联网平台建设、数据资源建设、主机及存储系统建设、网络系统建设、安全系统建设、备份系统建设和机房及配套工程建设共9个部分。主要功能建设方案如下。

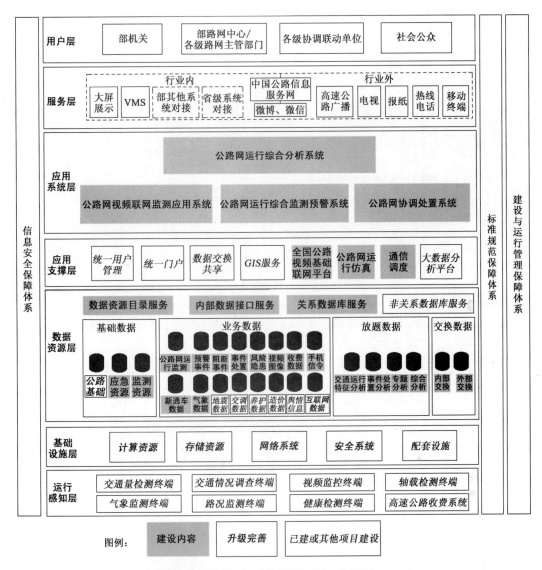

图 6-24　公路网运行监测与管理平台总体架构

1. 四大应用系统建设

包括公路网视频联网监测应用系统建设、公路网运行综合监测预警系统建设、公路网协调处置系统建设、公路网运行综合分析系统建设四个部分，四大应用系统间逻辑关系如图 6-25 所示。

(1) 公路网视频联网监测应用系统。

建设公路网视频云联网平台，实现全国公路视频图像在部级层面云端汇聚与省际共享，支持向包括各省(自治区、直辖市)在内的各使用部门的转发，实现视频截图的管理，并提供视频调阅、存储、处理等管理模块的建设。

(2) 公路网运行综合监测预警系统。

整合利用公路网运行监测相关信息资源，实现对全路网重点通道、重要节点运行状态全面实时监测与预测预警,包括公路网运行状况监测、交通突发事件监测、交通气象环境监测基础设施设备技术状况监测、预警响应和信息发布等模块。

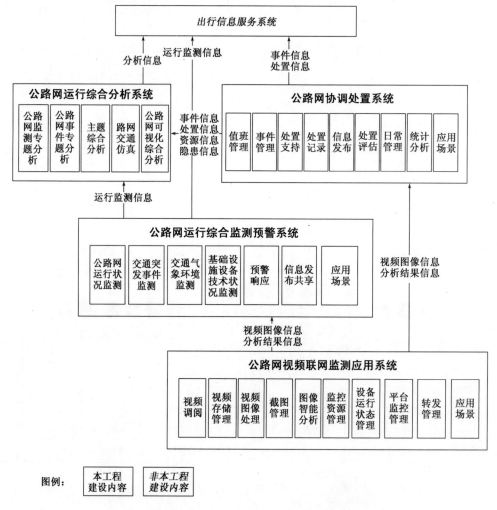

图 6-25　公路网运行监测与管理平台四大应用系统逻辑关系

(3) 公路网协调处置系统。

该系统是公路网运行监测与管理平台的核心业务系统,包括值班管理、时间管理、处置记录、信息发布、处置评估、日常管理、统计分析等模块。

(4) 公路网运行综合分析系统。

主要实现对国家高速公路主要通道、重要运输通道交通运行情况、重大公基础设施运行情况以及重大突发事件处置响应等方面的指标统计分析与关联分析,具体包括公路网监测专题分析、公路网事件专题分析、主题综合分析、路网交通仿真和公路网可视化综合分析等模块。

2. 应用支撑平台建设

包括交通地理信息平台、交换共享平台、大数据分析平台、全国公路视频基础联网平台、通信调度平台和公路网运行仿真平台等。

(1) 交通地理信息平台。

为所有应用提供基于地图的展示和分析功能,并提供基础图层数据服务,包括路网范围筛选、影像数据管理、一体化资源管理、第三方服务管理等模块。

(2) 交换共享平台。

提供部省间、部级相关系统间的数据交换共享服务,包括实时数据采集、实时数据流存储处理、硬件配置部署等模块。

(3) 大数据分析平台。

分析预警、综合分析等功能提供底层数据分析服务,具体包括平台管理、数据管理、大数据分析、设备估算等功能模块。

(4) 通信调度平台。

为公路网协调处置系统提供多种通信方式的整合、互通服务,具体包括通信调度、视频调度、移动终端调度、卫星通信终端、移动监控部署设备、手持式视频终端和与其他系统对接等功能模块。

(5) 公路网运行仿真平台。

为处置支持、路网交通仿真等提供基础仿真模型和仿真运行环境,具体包括场景管理、模型管理、接口交互、结果展示、宏观仿真和中观仿真等功能模块。

3. 数据资源建设

围绕着数据资源的"建、用、控"三个方面,建设所需的数据资源分析、规划、采集、整合、应用、管控等工作,为公路网管理与服务提供数据支撑,包括数据库建设、数据交换与共享、数据资源管理与服务。

4. 主机及存储系统建设

主要根据应用系统、应用支撑平台、数据资源规划和数据库建设方案,配置相应的数据库服务器、应用服务器、存储等设备。

(1) 主中心主机存储整体上分为三大部分:①虚拟化资源池,为业务应用提供计算资源、存储资源;②大数据节点服务器集群和大数据索引服务器集群,构建大数据分析平台,为海量数据分析提供大数据分析技术支持;③视频相关信息主要存储在公有云上。

(2) 备用系统仅配置支撑业务应用运行的基本设备:整体上延续营改增项目的总体架构,将物理设备整合为统一的计算资源池,为用户提供可靠的虚拟机服务。

5. 网络系统建设

为公路网运行监测与管理业务应用、信息资源交换共享提供互联互通的网络环境,平台网络建设分为网络链路建设和网络设备建设两部分。

6. 安全系统建设

在信息安全上应满足国家信息安全等级保护三级要求,主要部署在部上庄机房(主中心)中专网服务器区的三级服务器区,备用系统部署在部路网中心机房(备用系统),云视频系统主要部署在公有云上。

第七章
面向交通强国的"智慧路网"发展展望

中国特色社会主义进入新时代，我国社会主义初级阶段主要矛盾已经转化为人民日益增长的美好生活需要和不平衡不充分的发展之间的矛盾，经济已由高速增长阶段转向高质量发展阶段，必须坚持质量第一、效益优先，以供给侧结构性改革为主线，推动经济发展质量变革、效率变革、动力变革，建设现代化经济体系。党的十九大立足新时代新征程，作出了建设交通强国的重大决策部署，这是以习近平同志为核心的党中央对交通运输事业发展阶段特点和规律的深刻把握，是全国人民对交通运输工作的殷切期望，也是新时代全体交通人为之奋斗的新使命。公路交通行业必须以习近平新时代中国特色社会主义思想为指导，紧紧围绕当好"发展先行官"的职责使命，认真贯彻落实新发展理念，奋力开启从交通大国向交通强国迈进的步伐。

作为支撑国家经济发展、服务群众生活、保障国家安全的战略资源和基础设施，公路网承载着交通流、信息流、物资流的网络化运行，并与其他交通运输方式以及经济网、信息网之间具有密不可分的重要关系。鉴此，面向交通强国战略的"智慧路网"体系将直接关系未来公路行业能否全面实现转型升级与创新发展，对建成安全、便捷、高效、绿色的现代综合交通运输体系，率先实现交通运输现代化及实现交通强国战略具有重大现实意义。

第一节 "智慧路网"的发展愿景

为迎接公路交通进入"网络化运行"与"在线式服务"的新时代，做好面向交通强国战略的公路网监测体系建设，交通运输工作者必须要提高政治站位，以习近平新时代中国特色社会主义思想为指导，以建设人民满意的公路交通为导向，以推动行业转型升级为主攻方向，以"融合创新、联网保障、协同高效、开放共享、服务至上"为发展理念，通过开展全方位的体制机制与制度创新，充分融合应用现代信息与装备技术，全面形成具有中国特色的公路网监测与管理体系。

1. 融合创新

鼓励梳理"网络化"思维，推动新技术、新应用向路网监测管理领域加速渗透，强化在用户体验、经营模式、支付手段等方面体现新理念，不断通过迭代更新促进管理和服务模式的创新发展，积极跟踪智能驾驶、移动通信、人工智能等新技术对路网监测管理产生的影响。充分融合"互联网+"技术，形成更加完善的智能感知体系，实现路网资产、承载对象、服务资源的数字化与平台化管理，提高基础设施、运行信息、装备工具等路网资源的在线化水平，解决跨类型、跨地域、跨部门的信息互联互通。

2. 联网保障

强化以"一张网"模式引领行业未来发展，努力实现网络化运行与在线式服务。要采取"网"的模式打破传统体制机制障碍，编制"网"的制度实现路网运行管理高效规范，通过"网"的手段实现传统技术创新求变，促进公路交通发展模式由规模化向高质量转变，实现公路网运行模式由传统粗放型向集约精细化转变。同时，加快实施公路网基础设施、交通运行、气象预警等立体感知网络与全国联网平台建设，率先实现全国公路视频监测设施联网联控与智能应用，为全面建成"可视、可测、可控、可服务"的公路网监测体系提供必要且强有力的联网保障支撑。

3. 协同高效

实现公路网络资源的优化升级与提质增效,确保公路基础设施安全运行与高效应急,有效提升路网通行效率与服务水平。优化利用公路网监测应急资源,提高突发事件快速处置水平;提升路网高峰时期、瓶颈路段服务能力,实现保安全、保畅通、优服务的既定目标。在涉及基础性、战略性、全局性的业务领域,积极推进与公安、自然资源、旅游、气象等部门创新合作,以及部省间、省际间、政企间高效协同,积极利用"互联网+"技术优势与市场资源,强化跨行业布局和交流合作,打造协同化运行路网监管创新体系。

4. 开放共享

以破解信息不对称瓶颈壁垒为突破口,强化路网跨部门、跨区域、跨平台间的信息交互,形成上下贯通、左右衔接、统一标准、统一规范的"全国公路网运行大数据中心"。构建以市场服务为依托、行业应用为主体,标准化信用安全认证体系下的路网资源共享池,通过深度数据挖掘与分析应用,实现功能集成和互联互通,全面提升数据质量与赋能效率。建立"数据评价、数据管理、数据决策"的决策平台,形成多源融合、共享兼容、开放共享的大数据体系,依托大数据支撑平台为路网监测、行业监管、运营服务、科学决策等提供支持,提高公路网基础设施安全运行水平和现代管理治理能力。

5. 服务至上

要坚持从解决人民群众普遍关心的出行服务问题入手,把人民是否满意作为唯一标准,不断增强人民在公路出行方面的获得感、幸福感、安全感。要积极转变服务方式,加强数据整合和服务模式创新,利用新一代信息技术进一步拓宽出行服务内涵品质,延伸信息服务链条,开展出行服务品牌战略。要做强做优服务供给,激发行业活力和创造力,对接线上数据和线下服务,打造包含服务流、资金流和信息流在内的多主体、多层级、共赢协作的服务产业链。重点在出行支付、信息服务等领域为用户提供全方位、立体化、伴随式的出行服务体验,全面推进公路出行服务的高品质推送与可持续运营。

第二节 "智慧路网"的发展战略

按照党的十九大战略部署,力争到本世纪中叶前率先建成交通强国,实现"让路网运行更安全畅通,让公众出行更便捷愉快"发展愿景,形成"智慧路网"的发展战略。

(1)从现在到2020年,是决胜全面建成小康社会和交通强国的准备阶段。这一阶段,深入开展智慧公路示范试点建设,逐步完善"智慧路网"政策制度和技术体系,初步建成全国公路网数据中心、调度系统与服务平台,建立健全公路网运行监测与管理工作机制,为建设交通强国奠定坚实基础。

(2)2021年到2035年,是基本实现社会主义现代化的阶段。深化完善技术体系和政策制度体系,全面建成"具有世界一流水平的现代化路网指挥中心",建设车路协同、联网联控的交互专网,公路出行基本实现个性定制化服务。其中,高速公路实现车道级精准服务,普通干线公路实现路段级公众服务。在国家高速公路网上全面实现自由流,为广大人民群众提供更加经济便捷的出行服务,适度超前实现公路网管理现代化。

(3)2036年到2050年,是把我国建成富强民主文明和谐美丽的社会主义现代化强国阶段。全面建设完成新一代国家公路控制网,实现精准、泛在感知,人车路实现有效协同、和谐有序,实现为自动驾驶、车车联网、智慧物流提供全面路网应用服务,全面提升公路交通安全水平和通行效率,形成安全、高效和环保的公路交通系统,成为交通强国的标志之一。

第三节 "智慧路网"的实施路径

从思想方法层面上建设"智慧路网",要以问题为导向,践行"融合创新、联网保障、协同高效、开放共享、服务至上"的发展理念。要突出树立"一张网"思维,通过强化路网运营模式由传统粗放型向集约精细化转变,逐步实现路网资源的优化升级与提质增效,积极推进部省间、省际间、政企间的高效协同,确保公路网安全运行、精准研判与高效应急,有效提升公路网通行效率与服务水平。

从工作定位层面上建设"智慧路网",要做好"三个服务"(即服务政府决策,服务公众出行,服务行业发展)。要求加快"补短板、强服务"工作的实施速度,提高路网设施、运行信息、装备工具的网联化、在线化服务水平,创新信息共享交互、系统互联机制,促进公路网运行高效化、智慧化、人性化,推动全国公路网治理体系与治理能力现代化,逐步实现行业转型升级和高质量发展,助推交通强国早日实现。

从技术实现层面上建设"智慧路网",要以"云网融合"技术平台为支撑,加快建立集"全面覆盖、动态监测、泛在互联、云上应用"的路网运行感知体系,构建统一的数据传输、连通管道、安全策略与管控平台,在技术迭代和应用推广中突破行业既有技术瓶颈,要充分利用"云网融合"技术平台与数据资源优势,提高突发事件快速处置水平,提升路网高峰时期、瓶颈路段服务能力,共同打造公路网运行创新技术体系。

第四节 "智慧路网"的五大任务

(1)一个定位目标。即根据中央总体决策和交通运输部统一部署,坚持以做好"三个服务"为工作主线,加快建设"具有世界一流水平的现代化路网指挥中心"。

(2)两套保障体系。即全面形成"纵向贯通、横向衔接、责权清晰、高效协同"的体制机制与制度体系,以及建设集统一性、先进性、交互性于一体的技术标准体系,保障"智慧路网"建设规范化、标准化发展。

(3)三大主攻方向。即依托"云网融合"平台技术体系,全面打造"监测全面高效、应急保障有力、服务及时可信"的平台功能,实现路网监测全覆盖、预警应急可靠性高以及建设出行服务生态圈的"智慧路网"建设目标。

(4)四项核心功能。即构建"云网融合"技术新理论、新架构、新体系,开展"网络化运行、自动化监测、智能化管理、精细化服务"四项核心功能建设,引领"智慧路网"建设健康、可持续发展。

(5)"五个一工程"。即"一张网、一张图、一个中心、一个平台和一个终端"工程建设,也是"智慧路网"的主要载体。

附件

公路网运行监测与管理主要对象表　　　　　　附表 A

序号	对象类别	一级对象	二级对象	三级对象	对象说明	获取方式
1	直接对象（DO）	交通要素（TE）	基础设施（In）	完整性；可靠性；安全性	包括路基、路面、桥梁、隧道、交通工程设施等全部构造物	定期报送；即时报送
2			机电系统（ES）	完整性、可靠性；准确性、实时性	包括通信、监控、收费、供电、安防、桥隧机电等设施系统	系统定时；传输
3			车辆（Ve）	交通量指标；交通量分布；行驶轨迹	包括专业运输、个体车辆等	车辆检测器；车辆定位；手机定位
4			出行者（Tr）	目的需求；驾驶需求；特殊需求	包括驾驶员和交通参与者	UGC（用户生成内容）互通
5		突发事件（IE）	交通事故（Ta）	时间地点；严重程度；处理情况；影响情况	按照事故等级、车辆性质、影响程度分类	监控获取；即时报送；数据分析
6			交通管制（Tc）	措施内容；影响情况；调度处置；趋势预测	按照管制原因、管制内容、级别分类	即时报送；部门共享；数据分析
7			灾害事件（De）	时间地点；严重程度；处理情况；影响情况；趋势预测	包括地质灾害、气象灾害、设施事故等	部门共享；监控获取；即时报送；数据分析
8		路网环境（NE）	气象环境（Me）	预警预报；即时天气；影响预测	单要素、多要素	气象监测器；数据分析
9			交通组成（Tf）	车型组成；营运组成；比例分布	包括专业运输、个体车辆	车辆检测器；数据分析

续上表

序号	对象类别	一级对象	二级对象	三级对象	对象说明	获取方式
10	间接对象（IO）	管理机构（MA）	省路网中心（PHC）	体制机制；机构建设；制度规范；业务职责；协调联动；系统建设；运维保障；人才队伍；资金保障	包括支撑中心运行的信息化系统及设施设备等	定期报送
11			高速公路中心（PEHC）			
12			普通公路中心（POHC）			
13			片区中心（AHC）			
14			路段中心（SHC）			
15		出行服务（TS）	信息服务(IS)	沿途服务；网上服务；广电服务	包括出行前、出行中的全过程信息服务	问卷抽查；体验评估
16			收费服务(CS)	ETC服务；联网服务；免费服务	车辆收费全过程服务	问卷抽查；体验评估
17			应急服务（ES）	救援服务；拖车服务；疏导服务	突发事件下,事件现场及影响区域的应急服务	现场评估
18			服务区服务（SAS）	购物、卫生间、停车、维修等		现场评估
19		服务质量（SQ）	服务水平(SL)	可靠性；响应性；有效性；实时性		问卷抽查；体验评估
20			目标客户(TS)			
21			连贯性(SE)			
22	相关对象（RO）	地方政府（LO）	应急响应（ER）		属地管理	
23		公安部门（OD）	事故处理(AD)	消防部门；交管部门	日常协作；应急联动；统一行动；分工合作；高效处置	
24			交通秩序(TO)			
25		应急部门（SD）	生产事故（PA）	实时性；效率性；共享性		
26	其他对象（OO）	气象部门（MD）	路网气象(HM)			
27		武警交通（AP）	抢通保通（RP）			
28		其他部门	其他			

全国公路网运行监测与管理政策制度框架体系表　　　　　附表 B

序号	类别	制度名称	基本内容	适用/性质
1	指导类	国家公路网运行管理顶层设计*（关于推进国家公路网运行管理体系建设的指导意见）	包括路网运行管理的体制机制、制度体系、业务职能、机构队伍、系统建设、资金保障等全方面的顶层设计文件	全国/新制
2	指导类	"智慧路网"体系建设与管理纲要*	包括基于新一代智能交通、人工智能技术的公路网感知系统、通信网络、业务平台、运行维护等建设、管理要求	全国/新制
3	指导类	关于促进开放融合、多元共享的公路交通出行信息服务市场发展的指导意见	针对路网运行信息发布服务的"开放共享、融合发展"，鼓励行业与市场建立合作模式，实现信息服务市场"双赢"	全国/新制
4	指导类	关于推动地方公路网运行监测与管理业务体系建设的指导意见	针对省市两级的路网运行管理业务，出台针对业务体系建设指导意见，强化机构与队伍建设	地方/新制
5	指导类	关于进一步加强公路网运行监测与管理队伍建设与从业人员培训的指导意见	针对各级路网运行管理机构队伍建设和路网运行监测、应急和服务从业人员的培训工作	全国/新制
6	制度类	国家公路网运行管理办法*	统筹全国公路网运行管理的制度，从根本上明确路网运行管理在全国、大区域、省域层面的核心定位、业务职责、功能属性、系统目标、队伍组成与保障措施等核心要素	全国/新制
7	制度类	公路交通突发事件应急预案*	公路交通行业突发事件应急总体预案，对突发事件分级分类，重点针对I级突发事件的应急处置响应全过程管理	全国/修订
8	制度类	全国公路网运行信息管理办法*（或阻断信息管理办法修订）	明确"公路网运行信息"概念，形成公路网运行信息管理与服务业务的上位法，解决部省两级路网运行信息传输与报送要求问题	全国/修订
9	制度类	国家公路网跨区域联网联控管理办法	针对国家高速公路、国省干线公路运行联网监控、应急指挥调度、跨区域协调联动的业务流程、运行机制和工作要求制定管理办法	全国/新制
		京津冀区域路网协调联动工作制度	针对京津冀区域路网特点单独制定协调联动制度	地方/新制
		泛长三角区域路网协调联动工作制度	针对泛长三角区域路网特点单独制定协调联动制度	地方/新制
		中部地区路网协调联动工作制度	针对豫陕鄂湘赣区域路网特点制定协调联动制度	地方/新制

续上表

序号	类别	制度名称	基本内容	适用/性质
10	制度类	国家公路网运行协同联动管理办法*（协同管理）	针对国家高速公路、国省干线公路网运行涉及的公路养护、路政等部门，公安、交管、气象、自然资源、地震等部门协同联动机制建设与业务管理	全国/新制
11	制度类	恶劣天气下国家公路网运行指挥调度与应急管理规定（专项管理）	针对恶劣天气，单独制定国家公路网抢通保通、业务联勤、交通管制、区域联动的应急管理制度	全国/新制/联合
12	制度类	公路出行服务信息服务与媒体发布制度	针对需要通过人工电话、网站/App、微博微信以及媒体正式发布或公告的公路出行服务信息与重大公路突发事件信息的工作制度	全国/新制
13	制度类	国家公路网运行管理指标与目标考核办法	针对部、省、市三级路网管理机构的目标考核办法，从机构、业务、履职、队伍等方面制定考核指标	全国/新制
14	技术类	国家公路网运行监测与服务平台技术要求（原为暂行技术要求）*	修订《国家公路网运行监测与服务暂行技术要求》，指导部省两级路网运行监测设施、设备及平台建设与系统联网	全国/修订
15	技术类	部、省两级路网平台联网运行管理办法*（分视频、流量、气象、事件等专项办法）	针对部省两级路网平台联网运行的技术要求、业务要求及运维要求制定管理制度	全国/新制
16	技术类	国家公路网视频联网监测管理制度	针对全国公路视频监测联网提出的专项管理制度	全国/新制
17	操作类	公路网运行值班值守管理手册*	针对片区以上(含高速公路、普通公路)路网中心(监控中心)值班管理制度要求等	全国/地方/新制
18	操作类	公路突发事件应急管理手册*	涉及公路基础设施、交通运行、气象灾害等各类突发事件的具体应急处置操作工作要求	全国/地方/新制
19	ETC类	全国ETC联网结算、清分、客服文件*	—	全部单独制定

注：* 为重点制修订的政策制度文件。

不同气象环境和地质灾害预警等级下动态环境指数评分判定方法① 附表C

气象状况	蓝色预警(一般)			黄色预警(较重)			橙色预警(严重)			红色预警(特别严重)		
	市级	省级	区域	市级	省级	区域	市级	省级	区域	市级	省级	区域
泥石流、滑坡	[1,3]	[3,5]	[4,6]	[5,6]	[6,7]	[6,8]	[7,9]	[8,9]	[9,10]	[9,10]	10	10
暴雪	[1,3]	[2,3]	[3,5]	[4,6]	[5,6]	[6,8]	[7,9]	[8,9]	[9,10]	[9,10]	10	10
道路结冰				[3,5]	[4,6]	[6,7]	[6,8]	[8,9]	[9,10]	[9,10]	10	10
大雾、团雾			[2,3]	[3,5]	[4,6]	[6,8]	[7,9]	[8,9]	[9,10]	[9,10]	10	10
暴雨	[1,3]	[2,3]	[3,4]	[3,5]	[4,6]	[5,6]	[6,7]	[6,7]	[7,9]	[8,9]	[9,10]	10
大风、台风	[1,2]	[1,3]	[2,3]	[3,5]	[4,6]	[5,6]	[6,7]	[6,8]	[7,9]	[8,9]	[9,10]	10
冰雹				[4,6]	[6,8]	[6,8]	[7,9]	[9,10]	10			
沙尘暴			[1,3]	[2,3]	[3,5]	[4,6]	[5,6]	[6,8]	[7,9]	[9,10]	10	

不同气象状况的预警等级情况一览表② 附表D

气象状况	蓝色预警(一般)	黄色预警(较重)	橙色预警(严重)	红色预警(特别严重)
暴雪	12h 内降雪量将达 4mm 以上,或已达 4mm 以上且降雪持续,可能对交通有影响	12h 内降雪量将达 6mm 以上,或已达 6mm 以上且降雪持续,可能对交通有影响	6h 内降雪量将达 10mm 以上,或已达 10mm 以上且降雪持续,可能或者已经对交通有较大影响	6h 内降雪量将达 15m 以上,或已达 15mm 以上且降雪持续,可能或已经对交通有较大影响
道路结冰	—	当路表温度低于 0℃,出现降水,12h 内可能出现对交通有影响的道路结冰	当路表温度低于 0℃,出现降水,6h 内可能出现对交通有较大影响的道路结冰	当路表温度低于 0℃,出现降水,2h 内可能出现或已经出现对交通有很大影响的道路结冰
大雾、团雾	—	12h 内可能出现能见度小于 500m 的雾,或者已经出现能见度大于或等于 200m、小于 500m 的雾并将持续	6h 内可能出现能见度小于 200m 的雾,或者已经出现能见度大于或等于 50m、小于 200m 的雾并将持续	2h 内可能出现能见度小于 50m 的雾,或者已经出现能见度小于 50m 的雾并将持续
暴雨	12h 内降雨量将达 50mm 以上,或者已达 50mm 以上且降雨可能持续	6h 内降雨量将达 50mm 以上,或者已达 50mm 以上且降雨可能持续	3h 内降雨量将达 50mm 以上,或者已达 50mm 以上且降雨可能持续	3h 内降雨量将达 100mm 以上,或者已达 100mm 以上且降雨可能持续

---

① 预警等级参考中国气象局于 2007 年发布的《气象灾害预警信号发布和传播办法》(中国气象局第 16 号令)和国务院于 2005 年发布的《国家突发地质灾害应急预案》(国办函[2005]37 号)文件等。

② 表格信息参考国务院于 2005 年发布的《国家突发地质灾害应急预案》(国办函[2005]37 号)等。

续上表

气象状况	蓝色预警（一般）	黄色预警（较重）	橙色预警（严重）	红色预警（特别严重）
大风、台风	24h内可能受大风影响,平均风力可达6级以上,或者阵风7级以上;或者已经受大风影响,平均风力为6~7级,或者阵风7~8级并可能持续	12h内可能受大风影响,平均风力可达8级以上,或者阵风9级以上;或者已经受大风影响,平均风力为8~9级,或者阵风9~10级并可能持续	6h内可能受大风影响,平均风力可达10级以上,或者阵风11级以上;或者已经受大风影响,平均风力为10~11级,或者阵风11~12级并可能持续	6h内可能受大风影响,平均风力可达12级以上,或者阵风13级以上;或者已经受大风影响,平均风力为12级以上,或者阵风13级以上并可能持续
冰雹	—	—	6h内可能出现冰雹天气,并可能造成雹灾	2h内出现冰雹可能性极大,并可能造成重雹灾
沙尘暴	—	12h内可能出现沙尘暴天气（能见度小于1000m）,或者已经出现沙尘暴天气并可能持续	6h内可能出现强沙尘暴天气（能见度小于500m）,或者已经出现强沙尘暴天气并可能持续	6h内可能出现特强沙尘暴天气（能见度小于50m）,或者已经出现特强沙尘暴天气并可能持续

地质灾害预警等级情况一览表　　　　　　　　　　　　　　　　附表E

地质灾害	蓝色预警（一般）	黄色预警（较重）	橙色预警（严重）	红色预警（特别严重）
坍塌、滑坡、泥石流、山洪等	24h内,预计因气象因素导致突发地质灾害发生有一定风险	24h内,预计因气象因素导致地质突发灾害发生的风险较高	24h内,预计因气象因素导致地质突发灾害发生的风险高	24h内,预计因气象因素导致地质突发灾害发生的风险很高

公路交通突发事件等级划分表①　　　　　　　　　　　　　　　附表F

突发事件等级	级别描述	颜色标示	事件情形
I级	特别严重	红色	● 因突发事件可能导致干线公路交通毁坏、中断、阻塞或者大量车辆积压、人员滞留,通行能力影响周边省份,抢修、处置时间预计在24h以上时。 ● 因突发事件可能导致重要客运枢纽运行中断,造成大量旅客滞留,恢复运行及人员疏散预计在48h以上时。 ● 发生因重要物资缺乏、价格大幅波动可能严重影响全国或者大片区经济整体运行和人民正常生活,超出省级交通运输主管部门运力组织能力时。 ● 其他可能需要由交通运输部提供应急保障时。

---

① 表格信息参考源自交通部于2006年发布的《公路交通突发事件应急预案》（公路发〔2009〕226号）文件。

续上表

突发事件等级	级别描述	颜色标示	事件情形
Ⅱ级	严重	橙色	● 因突发事件可能导致干线公路交通毁坏、中断、阻塞或者大量车辆积压、人员滞留,抢修、处置时间预计在12h以上时。 ● 因突发事件可能导致重要客运枢纽运行中断,造成大量旅客滞留,恢复运行及人员疏散预计在24h以上时。 ● 发生因重要物资缺乏、价格大幅波动可能严重影响省域内经济整体运行和人民正常生活时。 ● 其他可能需要由省级交通运输主管部门提供应急保障时
Ⅲ级	较重	黄色	● Ⅲ级预警分级条件由省级交通运输主管部门负责参照Ⅰ级和Ⅱ级预警等级,结合地方特点确定
Ⅳ级	一般	蓝色	● Ⅳ级预警分级条件由省级交通运输主管部门负责参照Ⅰ级、Ⅱ级和Ⅲ级预警等级,结合地方特点确定

高速公路交通管制等级表① 附表 G

管制等级	管制情况描述
一级	道路交通中断24h以上,造成车辆滞留严重影响相邻三个以上省(自治区、直辖市)的高速公路通行
二级	道路交通中断24h以上,造成车辆滞留涉及相邻两个以上省(自治区、直辖市)的高速公路通行
三级	道路交通中断24h以上,造成车辆滞留影响省(自治区、直辖市)内相邻三个以上地市辖区的高速公路通行
四级	道路交通中断12h以上,造成车辆滞留影响两个以上地市辖区内的高速公路通行

---

① 表格中交通管制等级信息参考公安部于2008年发布的《高速公路交通应急管理程序规定》(2008年12月颁布)文件。

参 考 文 献

[1] 中华人民共和国行业标准.公路隧道养护技术规范:JTG H12—2015[S].北京:人民交通出版社股份有限公司,2015.

[2] 中华人民共和国行业标准.公路路基设计规范:JTG D30—2015[S].北京:人民交通出版社股份有限公司,2015.

[3] 中华人民共和国行业标准.公路桥梁技术状况评定标准:JTG/T H21—2011[S].北京:人民交通出版社,2011.

[4] 《突发事件应急预案管理办法》(国办发〔2013〕101号).

[5] 交通运输部关于印发《交通运输综合应急预案》等7项突发事件应急预案的通知(交应急发〔2017〕135号).

[6] 交通运输部关于印发《公路交通阻断信息报送制度》的通知(交办公路〔2018〕16号).

[7] 武丽丽,李继生,雷淑英.路面横向力系数测试系统[J].天津科技大学学报,2004(4).

[8] 姚荣涵,王殿海.居民出行分布的熵模型及其参数标定[J].交通运输工程学报,2005(4):106-110.

[9] 陈昕.基于协同学的城市交通控制与诱导系统协同的理论与方法研究[D].长春:吉林大学,2006.

[10] 沙云飞,史其信.智能交通系统中的交通信息采集技术研究[J].都市区及区域交通现代化,2005:331-333.

[11] 俞礼军,徐建闽.出行时间价值最大熵分布估计模型[J].交通运输工程学报,2008(1):83-88.

[12] 管青.区域交通信号控制与交通诱导协同理论与关键技术研究[D].长春:吉林大学,2009.

[13] 赵明.基于数据的网格化城市交通信息系统理论初探和实现[D].北京:北京交通大学,2011.

[14] Jiawei Han,Micheline Kamber,Jian Pei,等.数据挖掘:概念与技术[M].北京:机械工业出版社,2012.

[15] 刘枝辰,俞腾,谭力.桥梁结构安全健康监测的技术方法探究[J].科技通报,2013,29(5):87-92.

[16] 于尧.基于出行者行为的动态交通分配建模与实现[D].长春:吉林大学,2014.

[17] 王实.5G移动通信发展趋势与若干关键技术[J].信息通信,2015(12).

[18] 谢雄耀,卢晓智,田海洋,等.基于地面三维激光扫描技术的隧道全断面变形测量方法[J].测绘通报,2016(2):143-144.

[19] 王良民,刘晓龙,李春晓,等.5G车联网展望[J].网络与信息安全学报,2016,2(6):1-12.

[20] 江西省公路管理局.普通公路路网运行监测与应急处置平台建设及应用知识读本[M].

北京:人民交通出版社股份有限公司,2017.
- [21] 常燕.车载式颠簸累积仪在检测路面平整度中的应用[J].新疆交通运输科技,2017:89.
- [22] 马旭攀.基于车路协同的低成本超车策略与辅助系统研究[D].西安:长安大学,2017.
- [23] 王志伟.交通信息采集技术综述[J].中国科技博览,2018(30).
- [24] 李娟.路面技术状况检测与长期性能预测方法综述[J].广东交通职业技术学院学报,2018(2).
- [25] 曹雪茹.基于浮动车数据的交通拥堵路段判定方法研究[D].西安:西安理工大学,2018.
- [26] 张昳.基于凝聚层次聚类的城市道路交通运行状态评价研究[D].哈尔滨:哈尔滨工业大学,2018.
- [27] 张志豪,杨文忠,袁婷婷,等.基于LSTM神经网络模型的交通事故预测[J].计算机工程与应用,2019,55(14):249-253,259.